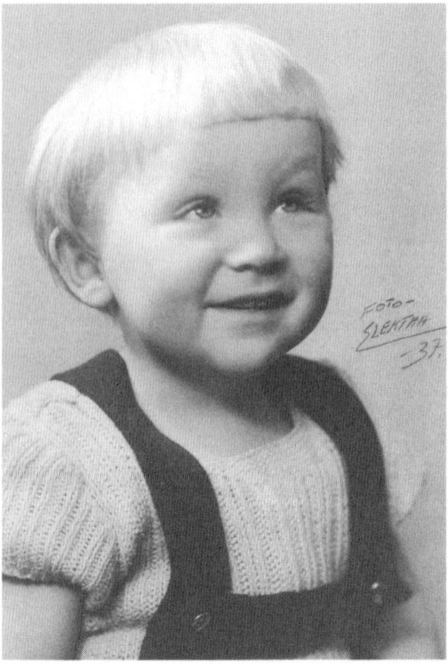
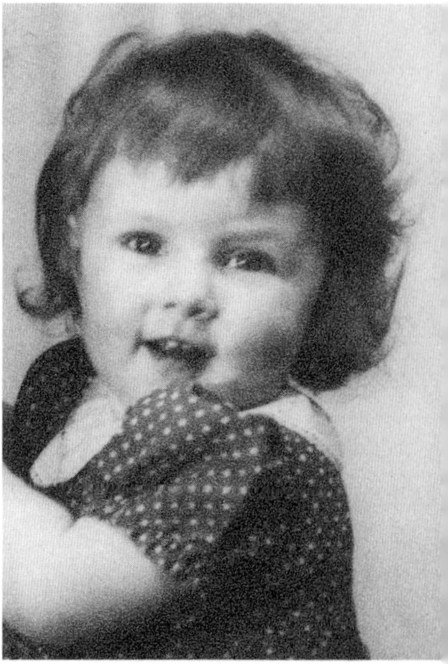

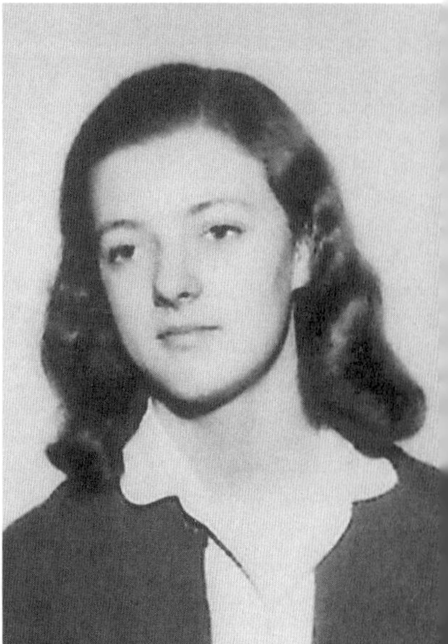

Lars Gustafsson
Agneta Blomqvist

DOPPEL LEBEN

Aus dem Schwedischen
von Verena Reichel

Carl Hanser Verlag

Die schwedische Originalausgabe erschien 2017
unter dem Titel *Dubbelliv* im Albert Bonniers Förlag in Stockholm.

Die Fotos stammen aus dem Privatbesitz
von Lars Gustafsson und Agneta Blomqvist.

1. Auflage 2020

ISBN 978-3-446-26561-5

Umschlag: Peter-Andreas Hassiepen, München
Motiv: © privat
Satz im Verlag
Litho: Fotosatz Amann, Memmingen
Druck und Bindung: CPI books GmbH, Leck
Printed in Germany

FSC
www.fsc.org
MIX
Papier aus verantwortungs-
vollen Quellen
FSC® C083411

Vorwort

Seit 1958 kennen wir einander. Einander zu vergessen, haben wir nie richtig geschafft. Auf das Abenteuer zu heiraten ließen wir uns im Jahr 2005 ein.

Wir sprechen viel miteinander. Ein amerikanischer Lyriker, der bei einem Busausflug in Slowenien zufällig hinter uns saß, meinte, er hätte noch nie ein verheiratetes Paar in unserem Alter getroffen, das sich ununterbrochen so ausdauernd und intensiv miteinander unterhalten habe.

Worüber sprechen wir? Praktisch über alles – und wir sind wirklich nicht immer einer Meinung. Aber die Kindheit ist ein zentrales Thema. Wir vergleichen unsere Erlebnisse und entdecken – oft mit einer gewissen Faszination – überraschende Ähnlichkeiten. Was wir beispielsweise in der Schule erlebt haben und für normal hielten, dass man in der Volksschule in Västerås misshandelt werden konnte oder dass man in Bromma von den Blaufaltern – einer Art Pfadfinder für Mädchen zwischen sieben und zehn – ausgeschlossen werden konnte.

In beiden Elternhäusern gab es viele Bücher, und es wurde oft vorgelesen, mit dem Unterschied, dass es in Västerås in einer kleinen Genossenschaftswohnung geschah und in Bromma in einer Villa. Aber das war nicht alles. Lars hatte keine Geschwister, Agneta hatte vier, ein gewaltiger Unterschied! Und natürlich der zwischen Junge und Mädchen. Dieses Thema war für Agneta wichtiger – männlich zu sein ist ein *Existentialmodus* –, vermeiden wir den Begriff *Geschlecht*, denn das ist eigentlich nur die biologische Ausstattung, die zu großen Privilegien führen kann und selten dem weiblichen Modus zugutekam.

Wie beschreibt man Kindheiten? Wie funktioniert das Gedächtnis? Was sind authentische Erinnerungen, und was ist eine Mixtur aus Rekonstruktionen, Wunschdenken, den Erzählungen anderer, der Deutung alter Fotos?

Und dann diese Berliner Mauer der Erinnerungen, die in psychologischer und psychoanalytischer Theorie und Praxis bezeugte Kluft oder Barriere zwischen dem Alter von vier Jahren und dem Rest des Lebens. Der früheste Beitrag von Lars zu diesem Thema ist ein Frosch aus grünem Blech. Warum war er so wichtig? Warum gerade er? Es muss doch noch andere Spielsachen gegeben haben.

Wir haben uns entschieden, uns auf die Kindheitserlebnisse zu beschränken, bis zur Pubertät mit ihrem herben Schweißgeruch sind wir nicht gelangt. Das hätte ein anderes Buch werden können!

Für dieses Buch haben wir eine dialogische Form gewählt. Das hat, glauben wir, viele Vorteile. Es ist gleichsam ein Gespräch zwischen uns, mit zwei ziemlich unterschiedlichen Stimmen. Das kann möglicherweise, hoffen wir, aus einem kulturhistorischen Blickwinkel interessant sein, denn so konnte es sich anfühlen, wenn man ein kleiner Junge in den dreißiger und ein Mädchen in den vierziger Jahren war. Die Lebenswelten einer entschwundenen Zeit geraten so leicht in Vergessenheit!

Tegelviksgatan 2016
Agneta Blomqvist & Lars Gustafsson

Sehr früh

Wie weit kann man sich zurückerinnern?

Ich überquere eine Straße – es ist die Frankegatan in Västerås – und trage ein Nudelholz. Es ist ein verantwortungsvoller Auftrag. Die Straße ist mit Kies bestreut, und wenn man hinfällt, tut es weh. Das Nudelholz ist sehr groß, sehr schwer. Ich bin nicht allein, es sind noch andere dabei, aber ich weiß nicht genau, wer. Ich ahne, es ist meine Mutter, die meinen Beitrag zum Umzug aus der Wohnung der *schrecklichen* Familie Andersson (es hatte sich gezeigt, dass es dort Wanzen gab) in das neugebaute und viel feinere Zweifamilienhaus in der Frankegatan 12 ängstlich überwacht. Dort bezogen wir ein Zimmer mit Küche und Flur bei Baumeister Nyberg.

Das Interessante ist, dass ich diesen waghalsigen Übergang von der 8 in die 12 datieren kann. Es kann nicht später als 1939 gewesen sein. Da war ich also drei Jahre alt.

Dann verdichten sich die Erinnerungen. Sie werden von einer anderen Art der Begriffsbildung geprägt – der des sehr kleinen Kindes. Ein Einfamilienhaus, das von unserem Treppenhausfenster aus zu sehen ist, schmeckt lecker. Das weiß ich, ohne daran geschleckt zu haben, denn es hat genau dieselbe Farbe wie das Fruchtbonbon, das so schmeckt. Die krummen Pfähle, die das Djuphamnsgebiet einzäunen und den Stacheldraht an seinem Platz halten, haben eine Verwandtschaft mit dem Haken, der sich an der elektrischen Nähmaschine meiner Mutter auf und ab bewegt. (Es ist Krieg, und es gibt Bereitschaftsdienst. Innerhalb des hohen Zauns patrouilliert ein Wachtposten mit Stahlhelm und Mausergewehr, dazu verdammt, dort zu patrouillieren. Er geht und geht immerzu.)

Lars mit seinen Eltern 1937

Er ist ein Wächter und ein erschreckender Teil dieses Krieges, von dem die Eltern sprechen.

Die Frankegatan ist eine Schotterstraße, Asphaltierung gibt es nicht so oft im Västerås der dreißiger Jahre. In der einen Richtung mündet sie in den Köpingsvägen, der gepflastert ist und dann zur Stora Gatan wird. Von dort, an dem jäh abfallenden Oxbacken, wo die Bürgersteige erhöht sind und man die Maschinen der Kristallschleiferei hören kann, von dort kommen die liebevoll gehüteten Weingläser der Eltern.

In der anderen Richtung verliert sich die Frankegatan hinunter zum Hafen und der Hütte, Letztere ein eigentümliches Fabrikgebäude, das etwas von Kafkas Schloss hat.

Es geschieht allerlei. Krähen hüpfen durch die Bäume. Der Fotograf Krassling, bekannt aus der Vestmanlands Läns Tidning, bekommt einen Herzinfarkt und stirbt. Ein Auto bleibt in der Garagenauffahrt des Nachbarhauses stecken.

Es ist eine Welt voller Bewegung und Leben. Ein Erwachsener hätte sie vermutlich als nahezu stillstehend empfunden.

Lars

Frühe Kindheit

Meine ganz frühe Kindheit war glücklich. Dass ich Papa liebte, stand außer Frage. Ich nannte ihn Herr Ylander, denn so nannte man ihn im Vorstand der Seemannsfürsorge am Norr Mälerstrand. Dorthin durfte ich Papa manchmal in seinem kastenförmigen grünen Chrysler begleiten. Später wurde der gegen einen sahneweißen DeSoto eingetauscht. Wenn Papa eine Schwäche hatte, dann für schnelle Autos. Mama war liebevoll, vielleicht ein wenig abwesend, aber irgendwo in der Villa war sie immer. Oft hatte sie sich mit Kopfschmerzen ins Schlafzimmer zurückgezogen. In der zweiten Klasse der Volksschule beschrieb ich sie so: »Mama hat weiße Haare, blaue Augen und mittelgroße Füße.« Als ich geboren wurde, war sie schon zweiundvierzig Jahre alt. Ich hatte drei wesentlich ältere Geschwister, eine Art Schutzwall zwischen mir und den Eltern.

Nur in unserem Haus wohnten Jesus und Gott. Nur wir durften am Karfreitag nicht zum Spielen hinaus. Die fröhlichen Stimmen der anderen Kinder hallten zwischen den Wänden, aber es hatte keinen Sinn zu fragen, ob wir hinausdürften. Wir sollten mit Jesus leiden.

Eine frühe Erinnerung? Ich stand auf der Treppe zur »Mittelhalle« und schaute zu einer Krankenschwester hoch, die eine Hasenscharte hatte. Sie sollte sich um den kleinen Bruder Christian und um Mama kümmern, die mit fünfundvierzig Jahren ihr fünftes Kind bekommen hatte. Mama hörte, dass ich es zu fragen wagte: »Wie lange wird die Schwester hierbleiben?« Ich wünschte mir, dass sie bald wieder wegfährt, ich mochte sie überhaupt nicht.

Agneta und ihr kleiner Bruder Christian 1948

Agneta und ihre Mutter 1943

Wenn ich nicht schlafen konnte oder mich irgendwie elend fühlte, schlich ich mich ins Schlafzimmer und legte mich zu Mama in ihr schönes warmes Bett, dicht an sie gedrückt. Da träumte ich den Großen Traum. Ich wurde in etwas unendlich Großes hineingeführt, umgeben von einer Menge weißer Gestalten, und irgendwie wusste ich, dass es das Universum war, das Weltall, und dass ich unterwegs zum Himmel war. Es fühlte sich warm und beschützend an. Eine unfassbare Menge von weißen Flügeln bewegte sich um mich her, streifte mich, nah und in großer Ferne. Ich hörte das leise Rauschen und spürte eine leichte Berührung. Ich wurde hinaufgeführt, hinauf zu einem großen Licht. Papa, der Mystiker, konnte nicht genug von diesem Traum hören. Für ihn war es eine Art Beweis.

Bevor mein kleiner Bruder und ich einschliefen, sprachen wir immer das Abendgebet. Anfangs waren Mama und Papa dabei, aber mit der Zeit beteten wir leise für uns selbst. »Gott, der du die Kinder liebst, und uns Kleinen Obhut gibst …« »Es geht ein Engel um unser Haus, er hat sieben goldene Kerzen …«, und dann die Abschlusslitanei: »Gott-behüte-Mama-Papa-Lasse-Hasse-Monica-Agneta-und-Christian.« Dieses Ritual vermittelte immerhin Geborgenheit, und danach schliefen wir sofort ein.

Ja, ich glaube, meine frühe Kindheit war glücklich. Ich war ein Wunschkind, Mama hatte zuvor eine Fehlgeburt gehabt. Fast alle meine frühen Erinnerungen sind hell, ich war umgeben von den Eltern und drei älteren, liebevollen, lustigen und bewunderten Geschwistern. Als der kleine Bruder Christian geboren wurde, habe ich mich uneingeschränkt gefreut – er war so süß, wenn er schlief. Wir konnten recht früh miteinander spielen und erlebten in unseren gemeinsamen Jahren vieles zusammen. Ich konnte zwar meinem kleinen Bruder gegenüber, der ein liebes und geduldiges Kind war, ziemlich tyrannisch sein, aber wenn es wirklich darauf ankam, verteidigte ich ihn. Einmal wurden wir von ein paar älteren Jungen durch den Park gejagt. Ich hielt den weinenden, ängstlichen Christian an der Hand und lief so schnell ich konnte. Ich schleifte ihn richtig mit, bis zu unserem Zaun, hob ihn hinüber und warf mich selbst hinterher. Ich erinnere mich an den Triumph und die Erleichterung, als wir auf unserem Grundstück in Sicherheit waren und die Plagegeister abzogen.

Wenn die allerersten Jahre glücklich sind und die elementaren Bedürfnisse befriedigt werden, schenkt einem das vielleicht eine Art grundsätzlicher Geborgenheit, die man das ganze Leben lang mit sich trägt, was auch immer später geschieht.

Agneta

Die Villa am Thaliavägen

Nachts bin ich wieder in der großen Villa am Thaliavägen. Es ist fünfzig Jahre her, seit ich da gewohnt habe, aber dennoch statte ich dem Kindheitshaus zahlreiche Besuche ab. Die Urszene. Ich kann von Zimmer zu Zimmer gehen und erinnere mich an alles, was es dort in Ecken und Winkeln und Schubladen gab. Ich wurde als viertes Kind im Schlafzimmer entbunden, mit Hilfe von Doktor Svahnlund, der schräg gegenüber von uns wohnte, und der Hebamme Frau Kimell, sie wog das neugeborene Kind mit einer Laufgewichtswaage. Mama erzählte später, Doktor Svahnlund hätte mich »in Empfang genommen«. Vollgestopft mit Erzählungen aus der Bibel und Geschichten meines Vaters, bar jeglicher Kenntnis der Realität, glaubte ich, Doktor Svahnlund hätte seine Arme durch das Schlafzimmerfenster gestreckt und mich, die Gott aus dem Himmel herabgelassen hatte, empfangen. Ein Glück, dass Doktor Svahnlund mich nicht auf die Straße fallen ließ!

Wie konnte Gott das Fenster am Thaliavägen so punktgenau bestimmen? Und warum bekam Fräulein Danielsson, die bei uns nähte und so nett zu meinem kleinen Bruder und mir war, keine eigenen Kinder? Meine Mutter sah ein wenig ratlos aus, sprach aber bald über etwas anderes, und da verstand ich, dass man über solche Dinge wohl nicht sprechen sollte. Aber irgendetwas war komisch daran.

Eine große Villa am Thaliavägen in Bromma? Der diskrete Charme der Oberschicht oder eher der Mittelschicht? Tatsächlich war es bei uns mit Papas Gehalt und fünf Kindern am

Agneta 1946

Anfang recht knapp. Das Haus wurde 1931 vom Architekten P. M. Hällner gebaut. Alle Häuser der Straße wurden in dieser Epoche von verschiedenen Architekten entworfen, waren also ganz individuell gestaltet. In unserem Haus gab es im Keller eine »nordische Bauernstube«. So steht es in *Groß-Stockholms Villenvororte in Wort und Bild* über die Villa Nummer 644. Im Keller gab es auch noch andere Räume zu sonderbaren und unklaren Zwecken. Eine kleine Gepäckkammer, in der Papas Koffer aus Libau standen, sowie eine Speisekammer, in der Winteräpfel, frisch eingekauftes Gemüse, eingelegte Pilze und Kompottgläser lagerten, manches davon etwas schimmelig. Die guten Gerüche meiner Kindheit!

In einer Ecke des Kellers stand ein Eckschrank, den man nicht öffnen durfte, darin wurde auch Mate aufbewahrt, ein Tee aus Misiones in Argentinien, den eine Missionarin mitgebracht und Papa geschenkt hatte. Er stand da jahraus, jahrein und roch merkwürdig und fremd. Keiner trank den Tee, aber nichts wurde weggeworfen! Viel später erfuhr ich von einem deutschen Mädchen, das ein Jahr lang im Haushalt arbeitete, dass Papa dort auch ein Glas und eine Flasche Schnaps bunkerte. Wir wunderten uns immer, warum er oft zu spät zum Essen kam und dann aus dem Keller rief: »Ich komme! Ich komme!« Er hätte das ruhig offen machen können und vor allem Mama auch einen Schnaps anbieten sollen! Das hätte ihr gutgetan. Meine Mama war ausgebildete Sportlehrerin, und ihre drei Schwestern besaßen auch alle eine Ausbildung, im Schweden der zwanziger Jahre sonst kaum üblich. Aber da Papa so eifersüchtig war, durfte sie ihren Beruf nicht ausüben.

In der geräumigen Garderobe im Obergeschoss hingen eine Menge Kleider. Jedes Frühjahr wurden sie auf den Balkon gebracht und gebürstet, der Duft von Mottenpulver stach uns in die Nase. Es gab Kartons mit uralten Klamotten, Mamas brüchige Kleider aus den Zwanzigern und alte Hüte, damit konnte man sich verkleiden. Ganz hinten standen ein paar Kinderbetten mit Matratzen und Decken, ein außerordentlich günstiger Schlupfwinkel zum Verstecken spielen. Oder wenn es ein Gewitter gab. Auch sonst sehr praktisch: Der Nachbarjunge kam eines frühen Morgens zusammen mit einem etwas verlegenen Mädchen dort heraus, als die Eltern verreist waren und ich eins meiner ersten elternfreien Feste gab. Aber das war viel später.

Meine schöne und trotzige große Schwester wurde dort zur Bestrafung mal drei Tage lang eingesperrt – das war vor meiner richtig bewussten Zeit –, und einer der Brüder musste sie bewachen. Ihre Freundinnen reichten ihr Essen, Süßigkeiten und anderes durch die kleinen Fenster, wenn Papa im Vorstand der Seemannsfürsorge arbeitete. Wenn sie zum Abendessen herauskommen durfte, war es Ehrensache für sie, nichts zu essen, was Papa bestimmt etwas nervös machte.

Von der oberen Halle führte eine Art Marmorbrüstung die Treppe hinunter, dort hing Lucas Cranachs Bild von Martin Luther. Man durfte sich auf keinen Fall über das Geländer lehnen, man hätte ja stolpern und sich wehtun können, im schlimmsten Falle das Genick brechen, Papa nahm das sehr genau. »Wenn du dich da drüber lehnst oder aus einem Fenster im Obergeschoss, kommt Gravi dich holen«, sagte Papa. Das zeigte tatsächlich Wirkung. Gravi muss Papas Name für Gravitation gewesen sein. Ich dachte, Luther sei der Gravi.

Im Badezimmer wohnte Herr Sprudelmann, man hörte ihn rumoren, wenn das Wasser durch die Rohre floss. Er war nur zwanzig Zentimeter groß und wohnte mit seiner Familie irgendwo im Inneren der Villa. Wenn Papa sich mit dem Rasiermesser, dem Streichriemen und einer Menge Schaum rasierte, schnitt er immer lustige Grimassen, hielt sich die Nase und tat so, als ob er sie zuschraubte, dabei erzählte er endlose Geschichten von der bösartigen Malka, der schönen Louise und ihrer strengen Großmutter, die immer Reithosen trug. Ich stand daneben und sperrte die Ohren auf.

In meiner Kindheit lebten mein kleiner Bruder und ich, besonders nach dem Auszug der viel älteren Geschwister, in einer Welt, in der wir viel Freiheit hatten, aber auch streng erzogen wurden. Es gab eigentlich niemanden, der tagsüber nach uns schaute, wir waren draußen, spielten und machten manchmal ziemlich gefährliche Sachen.

Wenn die älteren Geschwister nach Hause kamen, füllte sich die Villa mit Leben. Mama und Papa waren gutgelaunt, und es gab bei uns jede Menge Familienwitze. Als Lars Gustafsson sich viel später mit meinem Bruder Hasse anfreundete, verstand und schätzte er mit der Zeit genau diesen Humor und nannte ihn den »Ylanderhumor«. Er sagte, es sei, wie wenn man auf eine Harke tritt, so dass der Stiel einen von hinten und ganz überraschend trifft.

In der frühen Kindheit fühlte ich mich zumeist sicher, unglücklich und ausgeliefert war ich nur, wenn Papa ins Ausland fuhr, um eine Seemannskirche einzuweihen, und Mama ihn begleitete. Dann sprangen ein paar Frauen ein, die Frau des Pfarrers, Frau B. oder die Schneiderin Fräulein Danielsson, die ein paar Tage bei uns wohnten, und nichts mehr war wie zuvor. Frau B. war sehr streng, fasste einen hart an. Wir hatten noch lange Mühe einzuschlafen, wenn sie uns beide hellwach im Dunkeln zurückgelassen hatte. Ich kroch dann zu Christian ins Bett, und wenn die Eltern wieder nach Hause kamen, war die Erleichterung groß.

Während ich das schreibe, kommt es mir so vor, als sei ich

eigentlich nie richtig aus der Villa am Thaliavägen ausgezogen. Als sei, egal was mir später im Leben geschah, das Wirklichste meine erste Familie. Obwohl die meisten aus dieser Zeit ja schon lange fort sind. Sich zurückzusehnen ist aber Selbstbetrug, wie José Valente in einem Gedicht schrieb. Ich sehne mich nicht zurück, aber ich merke immer mehr, wie wichtig meine frühesten Jahre gewesen sind.

Agneta

Die Chance zu spielen

»... im Alter von fünf Jahren eintreten in die Garnspinnerei, oder sonstige Fabrik, und von Dem an erst 10, dann 12, endlich 14 Stunden täglich darin zu sitzen und dieselbe mechanische Arbeit zu verrichten, heißt das Vergnügen, Athem zu holen, teuer erkaufen. Dies aber ist das Schicksal von Millionen, und viele andere Millionen haben ein analoges.«

Arthur Schopenhauer, der Philosoph des Leidens und des Mitgefühls, schreibt dies in dem bekannten Buch *Die Welt als Wille und Vorstellung*. Die Kinderarbeit in britischen und chinesischen Fabriken ist ihm offensichtlich nicht fremd. Schopenhauer kennt sich gut aus in den sozialen Fragen seiner Zeit. Seine Schlussfolgerung ist existentiell: besser, nicht geboren zu sein, überhaupt nicht da zu sein, als diesem Zusammenhang anzugehören.

Es wäre absurd, meine eigene Kindheit mit den Bedingungen zu vergleichen, die in den Webereien zu Schopenhauers Zeit herrschten und die offenbar immer noch in Indien und ein paar anderen ostasiatischen Ländern gelten.

Der Abschnitt heißt: »Von der Nichtigkeit und dem Leiden des Lebens« in *Die Welt als Wille und Vorstellung* – der möglicherweise hervorragendsten und vor allem aufrichtigsten Studie über die menschliche Existenz, die in einer westlichen Sprache verfasst ist.

Schopenhauers philosophisches Hauptwerk entstand im Jahrzehnt nach den Napoleonischen Kriegen, und der erste Teil wurde 1819 publiziert. Bald feiert es also zweihundertjähriges Jubiläum.

Lars 1938

Schopenhauer ist nicht nur ein abstrakter Denker; er gibt auch Einblick in die sozialen Probleme seiner Zeit, die Sklaverei in den Zucker und Baumwolle produzierenden Kolonien, die höllischen Zustände in den Spinnereien der Textilindustrie.

Zweihundert Jahre später ist dies ein interessantes Stück Sozialgeschichte.

Nein. Wir sollten uns keinen Augenblick lang täuschen. Zum Internationalen Tag gegen Kinderarbeit, am 12. Juni 2014, teilt die UNO mit, arbeiten weltweit 168 Millionen Kinder. Hunderttausende Kinder, so wurde errechnet, sind allein in den Baumwollspinnereien Indiens beschäftigt. Kinder, die nicht Kind sein dürfen, das ist weltweit ein ähnlich großes Problem wie vor ungefähr zweihundert Jahren. Wie kann das sein?

Die Kinderhölle, der allzu hohe Preis für das Vergnügen zu atmen, wie Schopenhauer schreibt, wird auf ökonomische Ursachen zurückgeführt. Bei Charles Dickens sieht es etwa so aus wie bei Schopenhauer. Das heutige Afrika zeigt eine noch schrecklichere Variante: den Kindersoldaten.

Vor diesem Hintergrund – der keine literarische Erfindung, sondern schreckliche Realität ist –, können unsere eigenen Probleme marginal wirken. Gerald Edelman, einer der Experten für das, was man gemeinhin Bewusstsein nennt, hat auf die Flexibilität des menschlichen Gehirns und seiner Kapazitäten hingewiesen. Es passt sich der Situation an. Wenn Kinder intellektuell wachsen sollen, muss man ihnen eine Chance dazu geben und ihnen eine Umgebung schaffen, die ihre Neugier herausfordert und ihren Erfindungsreichtum stimuliert.

Es ist das, was man Spielen nennt. »Spielen ist die Arbeit des Kindes«, heißt es in einem alten Sprichwort. Man sollte vielleicht sagen, Spielen ist das, was das Kind als Individuum und Persönlichkeit ermöglicht.

Als ich sechs war, zogen wir aus der westlichen Seite von Västerås in die östliche um. Dadurch tauschten wir einen sehr kleinen Vorstadtwald – nur ein paar Kiefern, ein paar Büsche und einen Schrottplatz für alte Autos – gegen einen etwas größeren Vorstadtwald, in dem es sogar einen kleinen Bach gab, bevor die Bagger der Immobilienwirtschaft kamen und alles zerstörten. Wo einst der Bach war, fließt jetzt der Verkehr auf der E18 hinter hohen Lärmschutzwällen. Diese Verwandlung ist für mich fast zum Symbol geworden: Der Ausbau dieses ruhigen Wohnbereichs am Rande der Stadt ist ein unfassbar aggressiver Angriff auf ein verlorengegangenes ursprüngliches Abenteuerreich.

Bagger, Bulldozer, Wurzelbrecher – Beton. Für mich repräsentieren ein Bach und große sanfte Eichen, die es einst hier gab, den Mythos vom Goldenen Zeitalter. Mit sechs, bald sieben in einer der angemessen proportionierten Genossenschaftswohnungen zu landen, war für mich eine Art Paradies.

In der heutigen Welt erscheint all das natürlich als Privileg und Ausnahme. Wir hatten Zeit zu spielen, man ließ uns hinaus. Und wahrlich – wir spielten. Im Schlittschuhmoor setzten wir unser Leben aufs Spiel, um die vermutlich sehr seltenen Salamander zu fangen, die dort lebten. Wir nannten sie »Wasserechsen«. Wir klauten Planken und Bretter und Isolierplatten von allen Baustellen der Gegend und bauten uns Hütten in den alten Eichen. Niemand verbot es uns. Mit der Zeit wurden es ziemlich viele.

Und dann kam das Fahrradalter – die ganze Gegend wurde zum faszinierenden Forschungsgebiet. Nichts entging uns: die mächtigen Kohlehaufen am Djuphamnen, die Piere für die kleinen Boote, die Strände des Svartån. Das gleiche glückliche Erforschen der Welt mit dem Fahrrad finde ich in den Memoiren von Pär Wästberg, nur mit dem Unterschied, dass er die Keller in der Gamla Stan kennenlernte.

War das riskant? Vielleicht, aber es trug zur Entwicklung bei. Ich glaube, im heutigen Schweden ist es nur wenigen Kindern erlaubt, so zu spielen und ihre Umgebung auf eigene Faust zu erforschen, wie wir es durften. Die Kinder werden zur Schule, zum Musikunterricht, zum Kinderfußball und überallhin gebracht und wieder abgeholt, in einem Verkehr, der überhaupt nicht vergleichbar ist mit den friedlichen 1940er Jahren, in denen wir auf unseren Fahrrädern daherschwankten.

Was ich meine, ist ungefähr das, was Maria Montessori sagte: Nur die eigenen Entdeckungen haben in der Welt des Kindes einen wirklichen Wert. Man hat Maria Montessoris Pädagogik in italienischen Schulen eingeführt, um Kindern aus den ärmsten Gebieten des Landes eine Chance zu geben. Heute ist sie, mit vielleicht geschichtstypischer Ironie, zur Unterrichtsbasis in den beliebtesten Grundschulen der Oberschicht geworden.

Wenn ich Tomas Tranströmers faszinierend aufrichtiges Erinnerungsbuch *Die Erinnerungen sehen mich* lese, fällt mir die Ähnlichkeit mit meinen eigenen frühen Jahren auf. Zur Schule zu gehen bedeutete, jeden Morgen sich der Gefahr auszusetzen, misshandelt zu werden – manchmal von den Kameraden, aber meistens von den Lehrern.

Idealisiere ich meine eigene Kindheit auf unverzeihliche Weise? Ich habe wirklich – noch nach dreiundsiebzig Jahren – widerliche Erinnerungen daran, wie meine Volksschullehrerin Klassenkameraden brutal misshandelte, immer Kinder von schlechter gestellten Eltern. Zu glauben, sie hätte sich mit schallenden Ohrfeigen begnügt, ist ein Irrtum. Sie riss den Kindern ganze Haarbüschel aus.

Eine solche Misshandlung ist mir sehr deutlich in Erinnerung, die tatsächlich als Gewaltverbrechen gelten sollte. Ein sehr blonder kleiner Junge auf einer Bank schräg links vor mir wird so heftig an den Haaren gezogen, dass die ganze Bank – Tisch und Sitz sind zusammengeschraubt – hin- und herschaukelt und bebt. Und die Stelle, an der das Haarbüschel herausgerissen wird, ist zuerst weiß und dann rot und blutig.

Was hatte er sich zuschulden kommen lassen?

Er hatte nicht stillgesessen, sondern die ganze Zeit gezappelt.

Wenn ich die Erinnerungen besser gestellter Freunde lese, etwa die Schilderung meines Freundes Pär Wästberg von der Idylle der Broms Schule in Östermalm, kann ich ihnen nur gratulieren und vielen Kindern die gleichen milden und wärmenden Erfahrungen wünschen. Aber diese Glücklichen sollen auch verstehen, welch ungeheure Belastung die obligatorische Volksschule für Kinder in meinem Alter bedeuten konnte. Auch für diejenigen, die wie ich reduziert waren auf die Rolle erschrockener Zuschauer bei einer grausamen Kindesmisshandlung.

Vielleicht handelt es sich um eine Form von Dialektik. Wir – die Bande auf den kleinen roten und blauen Fahrrädern der Marke Svalan und Monark – hatten bemerkenswerte Freiheiten. Aber um den Preis des Ausgesetztseins. Wir wurden kaum überwacht, hatten aber auch niemanden, bei dem wir uns beklagen konnten.

Die arme vertrauensselige Ellen Key, die *Das Jahrhundert des Kindes* schrieb! Es gibt schreckliche Anzeichen dafür, dass das Jahrhundert des Kindes eher der Vergangenheit angehört als einer helleren Zukunft. Es ist keine angenehme Entdeckung, dass das, was man als eine Zeit des Fortschritts erlebte, nur eine Oase war, eine glückliche Episode, eine Lichtung in einer viel dunkleren Umgebung. Wer gibt uns die Baumhütten und das Schlittschuhmoor zurück? Wer gibt den Kindern der Welt eine Chance zu spielen?

Lars 1944

Die Volksschule

Der Weg von der Villa am Thaliavägen zur Olovsunds Volksschule war lang und abenteuerlich, selten wurde man von einem Erwachsenen begleitet. Ich musste bei Olovsund die Gleise der Tram überqueren, durch einen kleinen »Wald« gehen und dann mindestens eine Straße überqueren. Nach und nach schlossen sich andere Erstklässler an, die »i-Dötzchen«, und wir wanderten in einer kleinen Truppe zusammen zur Schule. Wenn wir Glück hatten, landeten wir hinter ein paar Siebtklässlern, in unseren Augen schon beinahe Erwachsene, die sich sogar zu fluchen trauten, und konnten ihre Gespräche aufschnappen. Die Schüler der siebten Klasse waren nicht ins Gymnasium gekommen, vielleicht hatten sie sich gar nicht beworben, sondern besuchten einfach sieben Jahre lang die Hauptschule. Aber in unseren Augen waren sie Könige und Königinnen, die himmelhoch über uns standen. Sie hatten etwas Spannendes und Abenteuerliches – eine Verlockung, erwachsen zu werden.

Wir hatten Springseile und drei Bälle dabei (gelb, rosa und blau), tauschten Briefmarken, spielten Himmel und Hölle, ließen die Murmeln kullern, in den Pausen immer voll beschäftigt. Ein Spiel, das wir Mädchen zu zweit spielten, nannten wir »Abnehmen«. Man wickelte eine lange, zusammengeknotete Schnur oder Kordel kunstvoll um die Finger beider Hände und zog dann die Hände auseinander, so dass eine Figur entstand. Dann nahm die Mitspielerin die Schnur auf so raffinierte Weise mit den Fingern ab, dass sich jedes Mal neue Figuren bildeten. Am schwierigsten war »Fisch auf der Platte«. In diesem Spiel wurden wir kleine Meister! Im Winter machten wir Schlitter-

Agneta mit Mutter und Christian vor ihrem Haus 1948

bahnen, wir nahmen Wasser in den Mund, liefen hinaus, Mund fest zu, und spuckten das Wasser dann auf einen Flecken vor einem niedrigen Zaun. Wehe, wenn einem eine in die Quere kam! Man hielt sich am Zaun fest, beugte sich vor und hämmerte mit den Stiefeln Trommelwirbel aufs Eis. Dann verglichen wir unsere Schlitterbahnen.

Meine Lehrerin hieß Iris Bergvist, hatte einen weichen, mütterlichen Busen und trug immer weiße Kragen. Sie sprach einen sanften Kalmardialekt, hatte die Haare zu einer Tolle aufgesteckt, und niemals erhob sie die Stimme. Sie lud die ganze Klasse in ihre Villa ein, auch am Thaliavägen, aber ziemlich weit von unserer entfernt. Wir durften den Mann von Fräulein Lehrerin treffen und ihren Sohn, der Gudmund hieß. Allein schon dieser Name! Und die Vorstellung, das Fräulein zur Mutter zu haben! Ich liebte sie und war so etwas wie ihr Schoßkind. Ich hatte nicht das Gefühl, mich einzuschmeicheln, ich schenkte ihr einfach gern Zeichnungen und Gedichte von mir. Zum Beispiel »Es nebelt, es nebelt«, ein Gedicht, das Papa aufgehoben hat. Ich war sieben, als ich es in meiner feinsten Schönschrift schrieb. Er fand das Wort »nebeln« ein gutes Wort!

Es nebelt
es nebelt
am Abend
Jetzt bricht die Dämmerung herein
Es nebelt zwischen Fichte und Birke
Sieh die Vögel ihr letztes Lied flöten
Jetzt ist Herbst

In diese Schule gingen sowohl die Kinder aus den Villen wie die aus den kinderreichen Wohnungen am Markt, wo die Schienen der Linie 12 entlangliefen, und alle spielten mit allen. Es war gut so. Selbstgestrickte Jacken, der Geruch nach nassen Wollsachen, Kaninchenmützen, kratzige lange Strümpfe, Mieder mit Strumpfbändern, Knickerbocker – wir waren wahre Individualisten.

Mobbing, gab es Mobbing? Ganz bestimmt, aber es war mir nicht richtig bewusst. Ich wurde christlich erzogen, allerdings mit einem etwas bizarren Humor. Es galt, sich gut zu benehmen – man wollte ja in den Himmel kommen.

Ich erinnere mich nur an ein Erlebnis, das für mich schrecklich war. Ich ging in die dritte Klasse, Elsa Trottestam war mein Fräulein Lehrerin, und die war krank. Vertreten wurde sie von Hedvig Jansson. Da schlug das Böse zu. Oder die Dummheit? Wir hatten graue, karierte Rechenhefte und mussten eine Aufgabe rechnen. Wenn man fertig war, ging man zum Fräulein und zeigte sie ihr. Ich hatte offenbar ein paar Fehler gemacht. Hedvig Jansson riss mir am Katheder das Heft aus der Hand und sagte laut zur Klasse, wie schlampig und schlecht ich gerechnet hätte. Ich musste vorne stehen, und sie zeigte mit dem Finger auf mich. Sie forderte meine Klassenkameraden auf, das auch zu tun. Sie taten es, etwas widerstrebend zwar, aber wir waren erzogen zu gehorchen. Als ich nach Hause kam, fragte Mama, wie es in der Schule gewesen sei. »Gut«, sagte ich. Hätte ich von dem Vorfall erzählt, wäre Papa vermutlich in die Schule gegangen und hätte Fräulein Jansson zur Rede gestellt. Vielleicht wollte ich genau das vermeiden?

Auf dem Heimweg stand Gunnar, der übelste Raufbold der Schule, auf einem großen Stein und schrie den indignierten Mädchen zu: »Ficken, wer will für zehn Öre ficken?« Ich wusste nicht recht, was dieses grässliche Wort bedeutete, nur dass es etwas schrecklich Unanständiges war. Wenn wir in Zweierreihen ins Klassenzimmer zurückgingen, wollte niemand neben Gunnar gehen, weil er eklig war. Es hieß, er mache sich manchmal in die Hosen. Vermutlich wurde er gemobbt. (Wie ist es ihm wohl ergangen?) Maggan war dick und wurde deswegen gehänselt. Einmal prügelte ich mich wegen ihr. Ich hatte ja von zu Hause ein Gefühl für Gerechtigkeit mitbekommen, und als einer der Jungen, die nicht in unsere Klasse gingen, sie Speck nannte, stürzte ich mich auf ihn. Wir waren gleich stark und prügelten uns so lange, bis wir beide weinten.

Ende der 1940er Jahre wurde für die Schüler eine »Schulspeisung« eingerichtet, man musste in der Mittagspause also nicht mehr nach Hause gehen, sondern konnte in der Schule essen. Wenn wir Schüler in die Kantine kamen, waren die Tische schon gedeckt, das Essen lag auf den Tellern. Es herrschte Ruhe und Ordnung. Und wir mussten aufessen. Am schlimmsten war es, wenn es Wurstkuchen gab. Wie ich dieses Gericht herunterbekam, weiß ich nicht mehr, ich fand es unbeschreiblich eklig. Als jemand behauptete, in der Milch wären weiße Würmer, verbreitete sich das wie ein Lauffeuer, aber wir tranken sie dennoch mit großer Selbstüberwindung.

Unser Fräulein spielte morgens die Orgel. Ich konnte natürlich alle Choräle auswendig, und bei der Schulabschlussfeier durfte ich »Sie war ein kleines Mädchen mit Mandelblütenhaut« vorlesen. Zeugnisse bekamen wir schon nach der ersten Klasse. In Betragen hatte ich eine Eins plus. Ein paar Jahre zuvor hatte meine große Schwester in Fleiß ein Ungenügend bekommen, mit der Zeit wurde sie besser. Wie sehr ich meine Schwester bewunderte!

Das Klassenzimmer war eine sichere Welt. Es machte Spaß,

zu schnippeln und zu kleben und Schönschrift zu lernen, und das Höchste war, wenn man sein Bild an die Wand hängen durfte. Oder wenn ich manchmal Lucie nach Hause begleiten und bei ihr spielen konnte. Ihre Mutter trug Lippenstift, und im Schlafzimmer gab es ein weißes Telefon. Purer Luxus.

Manchmal saßen wir in kleinen Badewannen und schrubbten uns mit Wurzelbürsten, die auf der Haut brannten. Eine weißgekleidete Bademeisterin kam und zeigte uns, wie wir es machen sollten. Dann durften wir in dem großen Kaltwasserbecken herumschwimmen, aber mit Gunnar wollte man auf keinen Fall in Berührung kommen. Badeanzüge gab es nicht.

Im Winter ging man zum Schlittschuhlaufen auf den Platz neben der Schule. Zuerst schraubten wir die Kufen mit einem kleinen Schlüssel an den Stiefeln fest, dann stolperten wir los. Mit der Zeit wollten alle Mädchen Kunstlauf-Schlittschuhe haben, auch wenn sie schlecht liefen. Ich borgte mir ein Paar abgelegte Bandykufen von meinen Brüdern und kann mich nicht erinnern, dass sich irgendjemand darüber lustig gemacht hätte. Einmal kam mein Vater zum Eislaufplatz, er war viel älter als die anderen Väter, und jemand rief: »Agge, dein Großvater ist da!« Von einer Lungenfellentzündung und einem Sturz vom Pferd in der Jugend hatte er einen steifen, gebeugten Rücken, er hatte monatelang in der Gipswiege liegen müssen. In einem Brief schrieb ich ihm einmal, dass ich ihn liebhätte, trotz seines steifen Halses. Auf dem Eis war er unübertrefflich. In braunen Kunstlauf-Schlittschuhen segelte er los, drehte elegante Achten und fuhr mit graziösen Bewegungen rückwärts, das Bein nach hinten ausgestreckt. Alles zur allgemeinen Bewunderung. Ach, mein Papa …

Es war, als lebte ich während der ersten Jahre Volksschule in einer Art Matriarchat. Sicher, Oberlehrer Hårdstedt war ein

Mann, streng, er sprach mit lauter Stimme und immer ärgerlich, er verteilte Ohrfeigen und zog uns an den Haaren, trotzdem fühlte ich mich in diesen Jahren eingehüllt in eine freundliche, warme Mütterlichkeit. Über diese Unterschiede in unserer Kindheit haben Lars und ich oft miteinander gesprochen.

Agneta

Agneta und Christian mit Eltern und Großmutter 1948

Die Buchstaben

Wäre ich als Chinese geboren ...

Wäre ich als Chinese geboren, hätte ich diesen Text höchstwahrscheinlich nicht geschrieben. Ich wäre als Kind in einer der furchtbaren Hungersnöte umgekommen, die das Land Jahrzehnte nach meiner Geburt heimsuchten.

Aber angenommen, ich hätte Glück gehabt! Dann wäre ich in ein anderes Schriftsystem hineingewachsen, mit ganz anderen Ansprüchen und anderen Regeln. Statt unserer achtundzwanzig Zeichen und dem Leerzeichen – das nicht unterschätzt werden sollte – hätte ich Tausende von Ideogrammen lernen müssen. (Eins der üblichen Wörterbücher enthält zehntausend.) Manchmal denke ich an dieses phonetische abendländische Alphabet, das meines geworden ist, und wie ich unzählige Stunden meines Lebens darauf verwendet habe, diese Zeichen zu mischen, zurechtzustutzen und zu platzieren. In Albträumen kann ich den langen Strang sehen, den scheußlichen Buchstabenstrang, der sich über Felder, Moore, Felsen bis zu meinem Arbeitstisch schlängeln würde, wenn man den Text der recht zahlreichen Bücher, die ich geschrieben habe, in einer einzigen Reihe auseinanderzöge.

In der ersten Volksschulklasse kamen die Buchstaben aus einem Lesebuch, über das sich meine Klassenkameraden lustig machten, weil meine Mutter es mit einem Schutzumschlag aus altem Wachstuch mit blauen und weißen Kreisen versehen hatte. Während alle anderen mehr oder weniger hübsche Papierumschläge hatten. So bildete sich in mir eine Art Widerstand, ein Widerwille gegen die »Buchstapeleien«, den ich nie richtig überwunden habe.

Seltsamerweise empfinde ich eine eigentümliche Erleichterung,

Lars 1944

sobald ich mich durch einen altgriechischen, einen kyrillischen, ja, sogar hebräischen Text hindurchbuchstabieren muss. Hinter diesen vornehmen alten Alphabeten versteckt sich keine unangenehm cholerische Volksschullehrerin. Sie sind, genau wie die wunderbar inhaltsreiche Notenschrift, die man zugleich horizontal und vertikal lesen muss, unbefleckt. Sie haben nichts Feindliches an sich. Aus der Tiefe ihrer Formen steigen uralte Bilder auf: das Haus, das das hebräische Beth bildet, das Schiff Shin, das mit drei Masten segelt, die Schlange, die sich im Lamed krümmt. Ganz zu schweigen von den griechischen Buchstaben, unter denen das Phi, das Pi und der stolze Stier Alef immer meine Favoriten waren. Ganz zu schweigen von dem großen Omega, dieser munteren Spannerraupe, unterwegs in eine Unendlichkeit, die sie niemals erreicht.

Aber diese ersten Buchstaben in der Volksschule hatten Farben. Ich erinnere mich nicht mehr daran, ob es die Farben des Lesebuchs waren oder meine eigene intuitive Wahrnehmung; Ö ist selbstverständlich grün, E ist hellrot, I ist dunkelrot, und A ist gelb. Das färbte auf die Laute ab. Das dunkle U (wie im västmanländischen »djuren«) ist dunkelgrün an der Grenze zur Novemberdämmerung, während das etwas hellere U (wie in »uppställning«) hellgrün ist. X ist eine Krähe, die krächzt und folglich als Buchstabe ganz schwarz ist.

Es reicht nicht, lesen zu können. Schreiben muss man ja auch können. Erst vor ein paar Jahren gab es in Deutschland eine lebhafte Debatte darüber, wie Kinder schreiben lernen sollen. Die traditionell eher konservativen südlichen Bundesländer hielten an der traditionellen Methode fest, eine Schreibschrift zu lehren, die sich zu einer persönlichen Handschrift entwickeln soll, wie ich es in der Schule gelernt habe. Sie ist inzwischen in Schweden wie in den USA abgeschafft worden. Die Alternative in Deutschlands nördlichen Bundesländern, den USA und dem modernen Schweden –

den Kindern von Anfang das Schreiben von Druckbuchstaben beizubringen sollte ebenfalls zu einer persönlichen Handschrift führen. Das ist jedoch nicht der Fall, wie ich feststellen kann, nachdem ich die Entwicklung von vier Kindern verfolgt habe.

Aber besser noch dies als die abscheuliche Schönschrift meiner eigenen Schulzeit. Einer guten Feinmotorik hat der Verfasser dieser Zeilen sich nie rühmen können. Die Tintenkleckse, die bei der Lehrerin vorhersehbare Wutausbrüche auslösten, die scharfen Stahlfedern, die im Verlauf der Stunde immer tiefer in den rechten Zeigefinger schnitten – all das wurde zu einer raffinierten Folter. Besonders hasste ich das große F und das kleine s, die sich allzu leicht verkehrt herum drehten. Wenn ich das heutzutage so fleißig verwendete @-Zeichen schreiben will, gerate ich immer noch in eine entsprechende Panik. Der Stift muss mindestens dreimal rotieren, ehe ich mich ins Innere dieses Zeichens wage.

Welch ungeheure Erleichterung, als ich meine erste Schreibmaschine bekam! Wäre ich dazu verurteilt gewesen, mein ganzes Leben lang mit der Hand zu schreiben, wäre ich bestimmt nie Schriftsteller geworden.

Die Schreibmaschine, diese Freundin und Befreierin der Menschheit (mindestens achtzig Bände habe ich mit zwei Zeigefingern und dem rechten Daumen geschrieben), erwies sich dabei nur als erster Schritt auf einer Bahn der Befreiung. Wunderbare elektronische Schreibprogramme! Die Freiheit, mit dem Cursor überall in den Text hineinzugehen, also im Prinzip die Freiheit, in derselben Arbeitsphase sowohl am Anfang als auch in der Mitte und am Schluss zu schreiben, hat mich immer an den Chor der Gefangenen in Beethovens Oper *Fidelio* denken lassen, wenn sie aus ihrem unterirdischen Gefängnis ins Tageslicht emporsteigen.

Lars

Die Kunst zu lesen

Als ich sechs Jahre alt war und gerade mit der Schule angefangen hatte, gelang es mir nicht, die Buchstaben zu Worten zusammenzufügen, ich verstand den Zusammenhang einfach nicht. Wir hatten als Aufgabe von unserem Fräulein ein kleines Lesestück bekommen, und ich sah, wie mein lieber Bruder Lasse Mama bekümmert anschaute, nachdem es ihm nicht gelungen war, mir beizubringen, Laute zu bilden und zu lesen. Ich war verzweifelt, da ich überhaupt nicht verstand, worauf das mit dem Lesen hinauslief. Offenbar war in all diesen Zeichen etwas verborgen? Aber ich fand eine Lösung: Mama las mir das Stück vor, und dann lernte ich es auswendig. Ich tat einfach so, als ob ich lesen könnte. Irgendwann löste sich das Problem, ohne dass ich mich recht erinnere, wie es geschah, und seitdem hat das Lesen einen großen Platz in meinem Leben eingenommen.

In unserer Villa standen eine Menge Bücher. Sie waren überall: Bücherregale an den Wänden in Papas Arbeitszimmer, in allen Schlafzimmern gab es Bücher, und in dem großen Spielzeugschrank befand sich ein Sammelsurium von Kinder- und Jugendbüchern in mehr oder weniger gutem Zustand. Mein kleiner Bruder und ich bekamen an Weihnachten und zum Geburtstag Bücher geschenkt, leider stammten sie oft aus dem langweiligen Buchverlag des Diakonissenvorstands und trugen Titel wie *Heiligenlegenden*, *Das Leben der heiligen Birgitta* oder so ähnlich. Ich las ganz planlos, Kinderbücher, Jugendbücher und Erwachsenenbücher, schlechte Bücher und gute, einfach alles, was ich in die Hände bekam.

Sowohl Mama als auch Papa lasen mir und meinem kleinen

Bruder oft vor, und manchmal las Papa etwas vor, wenn wir Gäste hatten. Ich war wohl erst sieben Jahre alt, als er Gogols lustige lange Novelle *Die Geschichte vom großen Krakeel zwischen Iwan Iwanowitsch und Iwan Nikiforowitsch* vortrug. Alle lauschten amüsiert, bis auf meine Tante, die mit offenem Mund schlief.

Im Esszimmer lag die große Familienbibel mit Dorés Kupferstichen unter Bô Yin Râs Portrait, von dem ich glaubte, es stelle Jesus dar. Ich saß da oft allein, wenn es in der Villa still und friedlich war, und schaute mir fasziniert die Bilder von all den Menschen an, die in der Sintflut untergingen; dass sie nackt waren, hatte etwas Prickelndes. Warum trug der weißgekleidete David lange Haare und ein Kleid, als er triumphierend den düsteren, gerade abgeschlagenen Kopf des Riesen Goliat hochhielt? Und sein Körper, so schauerlich mit dem blutigen Hals, sprang dem Betrachter geradezu entgegen! Nie sah ich früher oder später den Tod so schaurig dargestellt wie in der Offenbarung des Johannes im Neuen Testament: Er reitet in vollem Galopp, die Axt schwingend vor seinem furchterregenden Gefolge, mit steinharter Miene, unerbittlich, die Augen leer. Wenn ich sah, wie gemein die Menschen zu dem lieben Jesus waren, der unter seinem Kreuz zusammenbrach, kamen mir die Tränen. Mit meinen Eltern sprach ich nicht über diese Bilder, aber sie hinterließen einen unauslöschlichen Eindruck.

In den vierziger Jahren gab es eine sechsbändige Ausgabe von H.C. Andersens Märchen, die in vielen bürgerlichen Familien gelesen wurden. Sie beeindruckten mich sehr, der bizarre Humor in den Geschichten vom kleinen Klaus und dem großen Klaus, aber auch der traurige Ernst in den Märchen *Die kleine Seejungfrau* und *Die Schneekönigin.* In beiden ist die Liebe eine ungeheure Kraft. Ich glaube, in H.C. Andersens Geschichten habe ich etwas über Mitgefühl gelernt. Wer würde nicht über *Das kleine Mädchen mit den Zündhölzern* und sein Schicksal weinen, und wer verstünde nicht, dass Mobbing verwerflich ist, nachdem er *Das hässliche Entlein* oder *Die wilden Schwäne* gelesen hat?

Etwas später dann war mein großes Idol Bill Brown in Richmal Cromptons William-Büchern, wir besaßen viele davon. Ich identifizierte mich völlig mit Bill. Heute hätte man Bills Vater wohl das Sorgerecht entzogen: Er war sehr gemein und verständnislos, die Mutter hingegen geduldig und wohlwollend. Bill, naiv und einfallsreich, geriet in die verrücktesten Situationen, aber irgendwie befreite er sich immer daraus. So ritterlich wie edel, handelte er oft in guter Absicht, nur dass es ganz übel enden konnte. Ich erkannte mich in ihm wieder. Der dicke, verwöhnte und klatschsüchtige Hubert Lane dagegen wurde zu meiner Hassfigur. Den Gegensatz zwischen der Welt der »Gesetzlosen« und der öden Erwachsenenwelt und die daraus resultierenden Konflikte konnte ich gut verstehen. Farmer Jenks, der Bill oft das Leben schwermachte, erinnerte stark an Onkel Levedal, der uns aus seinem Garten mit den Pflaumen und Stachelbeeren verjagte. Allein schon die Illustrationen des begabten Zeichners Thomas Henry waren unterhaltsam. Die wohlwollenden älteren Damen! Die zerstreuten, kurzsichtigen Vorleserinnen in der Villenstadt! All die Bewunderer seiner Schwester Ethel und sein sensibler Bruder Robert, immer heftig verliebt. Bill mangelte es stets an Geld, und was er in die Finger bekam, gab er für Bonbons aus. Genau wie ich. Bills Welt war lange meine Phantasiewelt. Auch Lars Gustafsson las die William-Bücher. Das ist ein klarer Berührungspunkt! Aber wenn Lars und ich über unser Kindheitsidol Bill Brown reden, ist es nicht ganz derselbe Bill.

Aus einem unerfindlichen Grund gab es zu Hause zwei alte

Mädchenbücher von Elisabeth Kuylenstierna-Wenster, Ende der 1920er Jahre erschienen. Das eine hieß *Das Küken* und das andere *Sylvia*. Meine ältere Schwester stritt entschieden ab, dass sie ihr gehörten. So alberne Bücher las sie nicht. Sie handelten von einem überspannten jungen Mädchen, das, wie ich fand, absolut lächerlich war. Schlimmer als Hubert Lane in den William-Büchern. Außerdem hatte sie eine recht seltsame Beziehung zu ihrer Mutter, die sie grenzenlos bewunderte. Ein Teenageraufstand war das wahrlich nicht!

Ich möchte einen Absatz aus *Sylvia* zitieren – da ist sie schon Teenager –, um den Stil dieser Bücher zu verdeutlichen: »Ihre kühle weiße Hand strich über Sylvias Wange, die heiß war vom Rauschen jungen Blutes [Rauschen jungen Blutes!]: Mein Kind, sagte sie innig, es klingt nur platt, wie du deine Sehnsucht nach Glück darstellst, denn das ist es wohl, worum die Gedanken kreisen. Ich erinnere mich sehr gut daran, wie Ada [eine Puppe] dein ganzes Leben mit Jubel erfüllte …« und so weiter. Dann hält ihr die Mutter einen unerträglichen Vortrag über das Wesen der Liebe. Und so endet die Szene: »Sylvia legte zärtlich ihren Kopf in den Schoß der Mutter und murmelte die so abgedroschenen wie ewig jungen Goetheworte: Lerne nur das Glück ergreifen, denn das Glück ist immer da.« Was diese Goetheworte bedeuten, sollte die junge Leserin wohl von selbst verstehen. Meine beste Freundin und ich lasen einander mit zitternder Stimme aus diesen Büchern vor und lachten uns schlapp. Auch wenn das vermutlich nicht die Absicht der Autorin war, lernte ich dadurch, das Parodistische und Gezierte eines solchen Stils zu erkennen.

Natürlich las ich auch all die anderen Kinderbücher. Zum Beispiel *Tausendundeine Nacht, Pipi Langstrumpf, Pelle Svanslös, Nalle Lufs* und später auch alle Bände der Serie *Meisterdetektiv*

Ture Sventon. Als mein jüngerer Bruder noch sehr klein war, glaubte er, ich sei *wirklich* Pipi Langstrumpf. Später erklärte er das: Ich sei doch lieb und stark, hätte rote Zöpfe, eine Menge schrullige Einfälle und wäre ziemlich unkonventionell.

Agneta

Lektüre

Die erste Lektüre umfasste drei Arten von Büchern: solche, die meine Eltern schätzten, solche, die sie nicht schätzten. Und schließlich solche, von denen sie nicht ahnten, dass ich sie las. Zu den Ersteren zählten Gösta Knutssons hochgeschätzten Pelle-Svanslös-Bücher, ohne Frage Geburtstagsbücher. Und die wunderbaren frühen Ausgaben von *Unter Wichteln und Trollen* mit John Bauers Illustrationen, die eine einzigartige Bilderwelt eröffneten. Die William-Bücher von Richmal Crompton hingegen waren zu Hause nicht beliebt.

Die englische Villenvorstadt außerhalb von London, vielleicht in der Gegend von New Malden oder Aldershot, hatte wenig Ähnlichkeit mit dem Genossenschaftsgebiet, eingeklemmt zwischen den Privathäusern und Häusern für kinderreiche Familien im Osten, wo ich mein Bill-Alter erlebte. Aber das spielte keine große Rolle, ebenso wenig wie die wunderbar schrulligen Übersetzungen: »Ja, lispelte Violet.«

Keine Väter mit Melone nahmen den Vorortzug ins Stadtzentrum. Hier gab es keine Vorortzüge. Und im Übrigen auch keine Autos, bis auf einen Ford, der dem hochnäsigen Bezirkswohnungsdirektor Alwestrand gehörte, der bald in ein Reihenhaus unten am Hafen umzog. Der Mann hatte offensichtlich Beziehungen, und wir waren froh, ihn los zu sein. Unsere Väter verschwanden in der Morgendämmerung auf ihren Fahrrädern hinunter zu ASEA und den Schwedischen Metallwerken. Bis auf den meinigen, der erst gegen Abend aufbrach, wenn seine potentiellen Staubsaugerkunden zu Hause waren. Die Literatur greift dem Leben immer vor, sagt Oscar Wilde in einem berühmten Essay – der russische Anar-

Lars 1946

chist taucht zuerst bei Dostojewski auf und dann in der Wirklichkeit. Bills Villenvorstadt wurde von uns wiedererschaffen, und ich kann nicht behaupten, dass die Versuche völlig misslungen wären. Hier gab es keinen *Farmer Jenks*, aber in der Vegastadt gab es einen Kaninchenmann, dessen Kaninchen wir in Obhut nahmen und in unseren eigenen Käfigen unterbrachten. Bis zum Jüngsten Gericht, das irgendwann in Gestalt des wütenden Kaninchenmannes erschien, gefolgt von einem Polizisten in Uniform. Da wollte sich dann keiner zu diesen Kaninchen bekennen.

Die dritte Lektürevariante war eher zufällig. Exemplare, die man im Sommerhäuschen im alten Bücherregal fand, eine Mischung aus frommen Erzählungen, wie Mutters Exemplar von *Der Krüppel aus Nürnberg* – ein sehr parteiischer lutherischer Roman aus dem Dreißigjährigen Krieg –, und Papa Einars abgegriffenen Spannungsromanen. Die Favoriten schienen Øvre Richter Frich und Stein Riverton zu sein. Blättert man sie heute durch, schaudert es einem. Hochgewachsene blonde arische Helden bekämpfen dunkelhäutige Anarchisten, vorzugsweise in dem Hotel und den Villenvorortsmilieus, in denen der Verfasser vermutlich Rabatte und Steuervorteile genoss.

In Einars altem Bücherregal gab es auch unseren ersten richtigen Science-Fiction-Autor: den Maler Ossian Elgström, der ebenfalls faschistische Sympathien gehabt haben soll. Aber noch heute sind sie in seinen *Phantastischen Novellen* kaum zu finden. Faktum bleibt, dieser Lapplandenthusiast und Fjällmaler war der SF-Pionier in Schweden.

Ungefähr ein Dezennium nachdem das Sommerhaus gebaut worden war, beschlossen meine Eltern, weil sie es sich leisten konnten, das Haus innen streichen zu lassen. Der Gentleman, der damit beauftragt wurde und mit einem Transportfahrrad ankam, schwer beladen mit Dosen, Flaschen und allen möglichen Pinseln und Bürsten, Malermeister Nisse Eklund, erwies sich als Glücksfall. Für mich. Es gab damals so wenige Menschen, mit denen man reden konnte, am liebsten über Bücher. Es stellte sich heraus, dass dieser Mann ein ausgesprochener SF-Fan war. Und daheim in Virsbo, wo er wohnte, besaß er Jahrgänge des Jules-Verne-Magazins! Eine wunderbare Lektüre, die mehr als einen langweiligen Sommer rettete, als wegen der Verschmutzung durch das Sägewerk im See Norra Nadden ein Fischsterben eintrat und kein Fisch mehr anbiss. Intragalaktische Reisen, Roboter, Männer, die durch Wände gehen konnten, ganz zu schweigen vom Besuch in Spiegelwelten (als ich *Alice im Wunderland* geschenkt bekam, verstand ich das Buch noch nicht, aber die beiden Meisterwerke von Lewis Caroll haben zu einem späteren Zeitpunkt in meinem Leben natürlich viel bedeutet, nicht zuletzt für den Roman *Der Mann auf dem blauen Fahrrad)*. Am wichtigsten waren vielleicht die Zeitreisen, die mit ihren Paradoxien und ihrer Ahnung von Parallelwelten zu einem unerschöpflichen Gesprächsthema zwischen mir und Meister Eklund wurden.

Welche enorme Bedeutung, nicht zuletzt für einen künftigen Schriftsteller, haben doch diese frühen Begegnungen gehabt, diese abgegriffenen alten Bücher in Regalen und Schränken! Und all das ein Werk des Zufalls, absolut nicht vorhersehbare Begegnungen und Ereignisse.

Als wir dann in den ersten Realschulklassen anfingen, sorgfältig ausgewählte patriotische Stoffe zu lesen, nahmen die sich ungefähr so interessant aus wie Couscous auf dem Weihnachtstisch. Welche Erlebnisse konnte Heidenstams aufgeblasenes und überschätztes Werk *Die Schweden und ihre Häuptlinge* (Teil I und II) bieten, im Vergleich zu Romanen wie *Die Zeitmaschine* oder *Die gestohlene Bazille*? Wie sollte man sich bei Runebergs *Elchschützen* wachhalten, wenn einem bei Edgar Allen Poes *Maske des roten*

Todes gerade Schauer über den Rücken gelaufen waren? Was war Tegnérs *Frithiofs Sage* im Vergleich zum *Bildnis des Dorian Gray?*

Plörre! Eine erbärmliche Wassersuppe war die Lektüre, die diese Schule bot. Bis wir Gott sei Dank im Gymnasium bei den lateinischen Poeten landeten. Aber das ist eine andere Geschichte.

Was bedeutete diese merkwürdige Suppe aus Leseerlebnissen? Was kam bei dem Ganzen heraus?

Das weiß ich. Es wurde zu Kompost, einem richtigen altmodischen Kompost. Und jeder, der den Mut gehabt hat, seinen nackten Arm einmal tief in einen Komposthaufen zu stecken, weiß, dass es da drinnen überraschend warm ist. Da ist Leben. Es keimt.

Und so war es wohl.

Lars

Geschwister haben

Mein ältester Bruder Lasse war vierzehn Jahre älter als ich. Ich war also noch recht klein, als er von zu Hause auszog. Mein Bruder Hasse war drei Jahre jünger als Lasse, und meine Schwester Monica neun Jahre älter als ich. Als alle drei die Villa am Thaliavägen verlassen hatten, blieb mir zum Spielen immer noch mein kleiner Bruder Christian, einsam fühlte ich mich also nie.

Lasse war ein Sportstar, und während ich aufwuchs, war ich »Lasse Ylanders kleine Schwester« und hatte dadurch einige Vorteile. »Myggan« Eriksson, einer der tüchtigsten Sportler der Schule, *grüßte* mich und *sprach* ein bisschen mit mir – er ging damals aufs Gymnasium und ich in die Realschule. Ein paar Jungen aus meiner Klasse beobachteten das, und so bekam auch ich ein wenig Glanz ab. Es war unbeschreiblich spannend, wenn man im Stadion saß und Lasse beim Hürdenlauf zusah, den er meistens gewann. Die ganze Familie war da und feuerte ihn an. Als Lasse zum ersten Mal Rune Larsson, den schwedischen Meister, im Stadion beim vierhundert Meter Hürdenlauf besiegte, saß Runes Mutter neben meiner. Mamas Lächeln war unbezahlbar.

Aber vor allem war Lasse ein mustergültiger großer Bruder. Mama erzählte, dass er oft in der Mittagspause nach Hause lief, um seine neugeborene Schwester zu sehen. So entstand eine Liebe, die Lasses ganzes Leben lang währte. Einmal verprügelte er wegen mir und meiner Spielgefährtin Anna Karin einen Nachbarjungen. Der etwas ältere Junge versperrte Anna Karin und mir öfter den Weg und erschreckte uns. Wir hatten Angst vor ihm und erzählten es Lasse, der den bösen Åke buchstäblich auf den Kopf stellte.

Mit Bruder Hasse, eine Künstlernatur und launisch, war es etwas komplizierter. Er geriet oft mit Papa in Konflikt. Hasse hatte etwas von einem einsamen Wolf, verbrachte viel Zeit in der Natur, erst im Kanu, als er den Mälarsee erforschte, und später auch als geschickter Segler. Unter anderem segelte er von Uppsala durch den Göta-Kanal und dann entlang der Küste hinaus nach dem nördlichen Bohuslän und in den Sannäsfjord hinein. Ich war stolz auf Hasse, weil er so gut aussah; ich lud meine Freundinnen gern nach Hause ein und stellte ihnen meinen attraktiven Bruder vor. Als Teenager bekam er Kinderlähmung. Er wurde zwar wieder gesund, hatte aber sein ganzes Leben lang Probleme mit dem Schlucken und manchmal das Gefühl, keine Luft zu bekommen. Vermutlich war es nicht nur ein physisches Leiden. Wir beide fanden einander in unserem bizarren Humor, und er ermutigte mich in meinen künstlerischen Versuchen. Einmal durften mein kleiner Bruder und ich in Hasses Zimmer kommen, um eine Skulptur zu bewundern, die er gemacht hatte. Sie gefiel uns sehr gut. Aber plötzlich öffnete Hasse das Fenster und beförderte die Skulptur mit Schwung hinaus, sie zersprang in tausend Stücke.

Viel später studierten Hasse und ich ein Jahr lang gleichzeitig in Uppsala. Bei langen Spaziergängen durch die Stadt wurden wir richtig vertraut miteinander. Er stellte mir einen gewissen Lars Gustafsson vor. Die beiden wohnten im Studentenheim Gubbhyllan in der Övre Slottsgatan und hatten Freundschaft geschlossen.

Monica war meine zutiefst bewunderte und attraktive ältere Schwester. Wenn sie abends heimlich rauchen ging, durfte ich sie manchmal begleiten, es aber auf keinen Fall Papa erzählen.

Was ich auch nicht tat. Sie benutzte Pancake, eine deckende Pudercreme von Max Factor, schminkte sich die Lippen, und alle sagten, sie sähe Ingrid Bergman ähnlich. Manchmal durfte ich zusehen, wie sie sich zurechtmachte, und sie stumm bewundern. Mama und sie waren sehr vertraut miteinander, sie kochten, buken, nähten und webten zusammen, was mich damals überhaupt nicht interessierte. Ich fühlte mich oft außen vor, meinte, sie würden sich gegen mich verbünden. Monica bot meinem Vater ganz offen die Stirn; sie wirkte auf Männer sehr anziehend, schön, ein bisschen frech und irgendwie geheimnisvoll.

Die drei älteren Geschwister und ihre Freunde scherzten viel, oft war es geistreicher Unfug, und bei den meisten der damals sehr autoritären Lehrer an der Oberschule in Bromma waren sie sehr unbeliebt. Als ein Mann vom Zivilschutz in der Aula einen Lichtbildervortrag hielt und das Licht ausging, zog jemand den Stecker des Projektors; der Vortrag musste abgebrochen werden, und die Schüler marschierten triumphierend ab. Beim Morgensegen – ja, damals begann man die Schultage mit einem Morgensegen in der Aula – spielte ein Schüler auf der Empore die Introduktion. Aber statt einer passenden sakralen Musik intonierte er auf der Orgel manchmal die jüngsten Jazzstücke in entsprechend verlangsamten Tempo. Alle Schüler merkten es, aber die Lehrer nicht.

Ich fand, »ausreichend« sei eine gute Note, denn meine Geschwister waren froh, wenn sie bei einer Klassenarbeit mit »ausreichend« abschnitten. Aber es war eine wackelige Note, der Schüler hatte es gerade so geschafft. Wenn die Geschwister miteinander redeten, saß ich oft stumm dabei, hörte, was sie in der Schule so getrieben hatten, nahm die Dinge in mich auf und machte mir nach und nach mein eigenes Bild.

Hasse hatte ein Geographie-Lehrbuch, in dem er die Bilder überklebt hatte. Ein Foto aus Afrika mit der Bildunterschrift »Eingeborener« ersetzte er durch das eines berühmten amerikanischen Jazzmusikers, der »Kilimandscharo mit schneebedecktem Gipfel« wich einem Winterbild aus Skövde, die Schauspielerin Rita Hayworth war jetzt eine »Nomadenfrau«, und Knoll und Tott wurden von ihrer wütenden Mutter »Die Niagarafälle« hinuntergejagt. Der Geographielehrer, einer der Sadisten am Gymnasium, rief Papa hochempört an. Der aber fand es lustig und verteidigte Hasse ausnahmsweise.

Manchmal durfte ich Monica und ihren Freundinnen zuhören. Natürlich bewunderte ich diese Mädchen. Sie vermittelten mir eine Ahnung davon, was es bedeuten konnte, eine erwachsene Frau zu sein.

Wenn Papa Monica nicht so unmöglich behandelt hätte – ich vermute, dass er aus irgendeinem Grund eifersüchtig auf sie war –, hätte sie wie wir anderen eine Ausbildung erhalten, aber das verhinderte er in seinem seltsamen Erziehungseifer gründlich. Ich erinnere mich: Viel später, bei der Abiturfeier des kleinen Bruders Christian, als wir vier anderen Geschwister und Papa mit unseren weißen Mützen fotografiert wurden, trug Monica selbstironisch und trotzig eine große weiße Baskenmütze.

Monica wollte um alles in der Welt so früh wie möglich von zu Hause wegkommen, verlobte sich mit achtzehn und heiratete mit zwanzig, zog nach Uppsala und nahm dort lebhaft am akademischen Leben und den dazugehörigen Festen teil. Mit zwölf Jahren allein Zug fahren zu dürfen, um sie zu besuchen und bei ihr zu übernachten, das war für mich das pure Glück.

Christian, drei Jahre jünger als ich, erzählt, ich hätte auf dem Heimweg von der Volksschule immer krächzend gesungen, so dass er mich schon von weitem hören konnte, wenn er zu Hause auf mich wartete, ungeduldig, weil er mit mir spielen wollte. Wir spielten ständig und fragten nie, ob es etwas anderes zu tun gab. Bis zur Pubertät hielten Christian und ich fest zusammen, dann gingen unsere Wege auseinander. Aber wir fanden uns wieder, heute haben wir mehrmals in der Woche Kontakt, und oft fragt einer den anderen: »Erinnerst du dich?« Wir erinnern einander an die seltsamen Menschen, die unsere Kindheit bevölkerten, und an unsere gemeinsamen Erlebnisse. Oft ist Christian mein Gedächtnis.

Für mich ist es schwer vorstellbar, so geschwisterlos zu sein wie der arme Lars. Meine Geschwister haben so viel für mich bedeutet, ja, sie umgeben mich noch heute – wenn auch nicht alle mehr physisch präsent sind.

Agneta

Der geschwisterlose Zustand

Ich war das einzige Kind meiner Eltern. Ich habe sie nie nach dem Grund gefragt – ich hatte das Gefühl, so etwas fragt man nicht. Es lag nicht daran, dass ein Elternteil früh gestorben wäre, so viel ist klar. Der eine wurde sechsundachtzig und die andere neunundneunzig.

Wir waren also nur zu dritt und hatten Platz in dem Anglia, den Einar (er hieß immer Einar, nicht Papa) sich irgendwann zulegte. Nicht selten saßen Einar und ich auf den Vordersitzen und überwachten den Tachometer, der die atemberaubende Geschwindigkeit von fünfundachtzig Stundenkilometern anzeigen konnte.

Das einzige Kind zu sein war für mich der natürliche Zustand; ich hatte nie etwas anderes gekannt. Ich staunte ein wenig über die Geschwisterscharen, die zu meinen Freunden in der Bomansgatan gehörten. Wie fanden zum Beispiel die Geschwister Henning, lebensfroh und freundlich, im Flur Platz für ihre Winterjacken? Oder meine Vettern und Kusinen, die Kinder von Onkel Stig? Und wo schliefen sie? Während meiner ganzen Kindheit und bis weit in die fünfziger Jahre hinein war ein Ausziehbett in der Küche mein Schlafplatz. Und dort herrschte Frieden.

Mit vielen anderen zusammen zu schlafen – zum Beispiel mit Kameraden im Zelt, gewärmt von einem knisternden und glühenden Campingofen in der Mitte, radial in einem großen Kreis gruppiert – war das Höchste an Geschwistergefühl, das ich je erlebt habe.

Und wie Tomas Tranströmer, der sogar ein Gedicht über dieses

Lars in der Bomansgatan in Västerås 1951

Erlebnis geschrieben hat, gefiel es mir. Es bot eine andere Art von Geborgenheit.

Wie beschreibt man Geschwister, die man nie gehabt hat? Meine Schwester oder meine Schwestern, wie sehen sie aus? Nicht wie meine Frauen. Sind sie mager und ernst? Klein und gleichsam tänzelnd wie meine Kusinen? Haben sie sportliches Talent wie Frau Blomqvist? Oder sitzen sie den ganzen Tag über Bücher gebeugt in der großen Bibliothek, wo der Sonnenstrahl unter den hohen Fenstern mit dem Staub der Bücher spielt?

Die Antwort ist: Ich weiß es nicht. Sie befinden sich in dem Reich, wo die konvergenten Zahlenreihen die Null erreicht haben, in der mächtigen Region der nie verwirklichten Möglichkeiten.

Was hätten sie von meinen Büchern gehalten? Hätten sie über *Die Tennisspieler* gelacht? Wären sie gegenüber dem einen oder anderen skeptisch gewesen?

Fehlen sie mir? Ich glaube schon. Irgendwo, auf einer der seelischen Ebenen, kann ich ihre rasch verklingenden Stimmen hören.

Lars

So wurde ein Kind der vierziger Jahre geformt

Widerwillig verließ ich sonntags das Haus, um in die Sonntagsschule in Brålunden zu gehen, ganz in der Nähe des Nockeby-Markts, aber in dem etwas gefährlicheren und für mich eher unbekannten Teil des Markts. In Brålunda gab es kleine Wohnungen und viele Kinder, und das war für mich fremdes Gelände. Niemand begleitete mich dorthin. Man ging eine Treppe hinunter in einen Kellerraum, und da war jemand, der über Jesus sprach und hübsche Bilder aus dem Leben Jesu verteilte, die man in ein blaues Heft kleben sollte. Das war das Beste. Das Schlechteste war, dass ich keins der anderen Kinder kannte und dass man unterwegs von der bösen Gun Britt und ihrer Mädchenbande gestoppt werden konnte. Keines der anderen Kinder in meiner Straße besuchte die Sonntagsschule. Und Christian war zu klein. Vermutlich musste ich dort die eine oder andere Moralpredigt über mich ergehen lassen, aber das unterschied sich kaum von dem, was ich zu Hause oder in der Volksschule zu hören bekam. Man sollte brav, gehorsam und hilfsbereit sein und Mitleid mit armen Kindern haben. Man sollte dankbar sein und den Teller leer essen, weil es Kinder gab, die hungerten. Auf einem Tisch in der Sonntagsschule stand eine Büchse, in die konnte man eine Münze für die armen Kinder in Afrika werfen. Ich bekam von zu Hause immer eine Krone mit und widerstand heroisch der Versuchung, sie zu verstecken und stattdessen bei dem Mann im Süßwarenladen Bonbons zu kaufen. Wenn man brav war, kam man in den Himmel, wohin man sonst kam, war nicht so ganz klar.

Zu Hause gab es in der Weihnachtszeit eine Schale mit Kleingeld, das an die Leute verteilt wurde, die Weihnachtsbroschüren verkauften oder an der Tür klingelten und um einen Groschen baten. In der Kirche gab es eine Kollekte für verschiedene wohltätige Zwecke – sein Fünfzig-Öre-Stück in den Klingelbeutel zu werfen war das Beste am Kirchenbesuch. Oder gespannt zu lauschen, wenn der kleine Bruder den Klingelbeutel auf den Boden fallen ließ. Ja, da ertönte das Klirren, und ich lächelte zufrieden.

Und dann war da die Sache mit den Pfadfindern, den Blaufaltern.

Lucie und Birgitta aus meiner Klasse nahmen mich mit in die Äppelviksschule, wo sich die Blaufalter einmal in der Woche in der Turnhalle trafen. Wir gingen in die dritte Klasse und waren neun Jahre alt. Bei den Knaben hieß die Gruppe Wolfsjungen. Allein die Namen sprechen für sich. Man bekam ein kleines Blaufalterbuch und sollte von zu Hause die Bestätigung bringen, dass man verschiedene häusliche Pflichten erledigt hatte, um die Wichtelmarke zu bekommen. Dafür musste man beispielsweise eine Woche lang morgens sein Bett machen, Schokolade kochen, mindestens ein Zimmer aufräumen, kehren und abstauben, sich um die kleineren Kinder kümmern oder einem älteren Menschen besondere Aufmerksamkeit schenken. Mama musste mit ihrer Unterschrift bestätigen, dass ich dieser Marke würdig war, was sie etwas widerwillig mit einem ironischen Kommentar tat. Ich war nicht gerade bekannt für meine häuslichen Talente.

Im Buch der Blaufalter gab es autoritäre Regeln, wie ein kleiner Blaufalter zu sein hatte. Das Gesetz verlangte: »Sei gehorsam, ehrlich, freundlich und hilfsbereit.« Ja, in Ordnung, aber wenn bei Hygiene stand: »Erkläre, warum die Nägel immer sauber und kurz sein sollen, warum man durch die Nase atmen und die Zähne putzen soll«, fühlte ich mich von der Erwachsenenwelt erniedrigt und wurde trotzig. Dort waren drei Mädchen abgebildet, die ihre Blaufalterhalstücher korrekt knoten konnten, und eines, das zu seiner Schande schmutzige Hände hatte und das Halstuch schief trug. Natürlich war ich auf ihrer Seite. Man fand ja auch im »Glücksgroschen«, der Broschüre der Sparkasse, die exzessive Verschwenderin lustiger als die Sparsame. Die Sparsame war viel zu tugendhaft, die Verschwenderische aber aß Süßigkeiten, amüsierte sich und trug lässige Klamotten.

Unsere Anführerinnen hießen Sunnan, Knytet und Sappo (schon allein die Namen fand ich lächerlich), sie machten sich keine Gedanken über ihre Kleidung und hatten diese speziellen Halstücher. Unentwegt kommandierten sie mit ihren Trillerpfeifen; sie brachten uns bei, wie man verschiedene Knoten knüpft, wir mussten uns erbauliche Geschichten anhören und lernen, achtsam mit der Natur umzugehen.

Zwar machte es Spaß, allein mit der Tram zu Lucie und Birgitta zu fahren, aber aus meinem Pfadfinderversprechen wurde nichts. Als ich bei der Aufnahmefeier das Abzeichen der Blaufalter entgegennehmen sollte, bekam ich einen Lachanfall – und wurde ganz einfach abgelehnt.

In der Schule herrschte ein vaterländischer Geist. Aus dem Liederbuch *Sing schwedisches Volk* sangen wir unter anderem die Nationalhymne, das fand ich feierlich und schön, beim Singen bekam ich Gänsehaut. Zu Hause übte man sich in Einfachheit und Sparsamkeit, man erbte Kleidung von seinen Geschwistern. Die Hausschneiderin, die zu uns kam, nähte uns ziemlich unvorteilhafte Kleider, für die ich mich manchmal schämte. Bei meiner Freundin Anna Karin gab es ebenfalls eine Hausschneiderin, die für die sechs Geschwister nähte. Manchmal schob sie den Ärmel hoch und zeigte uns die Zahlenreihe, die man ihr in einem deutschen Konzentrationslager eintätowiert hatte. Schrecklich, wir fanden, man sollte besonders nett zu ihr sein.

Selten bekamen mein kleiner Bruder und ich etwas Neues zum Anziehen. Wir trugen ein Leibchen und lange Wollstrümpfe, die kratzten. Und nie bekam ich etwas so Tolles wie andere Mädchen, zum Beispiel Strapse oder eine Angoramütze. Mama saß abends oft da und stopfte Strümpfe. Sie strickte kurze graue Hosen für Christian und einen Rock und eine Jacke für mich. Die Haare zu festen Zöpfen geflochten, mit Schleifen, ein grauer Hut, und man war fein für den Besuch bei Großmutter in Dänemark.

Wir sparten praktisch an allem. Es war lange vor Lena Larssons kesser, aber heute ganz unzeitgemäßer Devise »Ex und hopp!«. Essen wurde nicht weggeworfen, Weihnachtspapier wurde wiederverwendet, Schnüre, Gummibänder und Papiertüten hatten ihren festen Platz. Mit Plastiktüten waren wir noch nicht gesegnet, man ging mit Korb oder Stofftasche zum Einkaufen auf den Markt. Einwegverpackungen waren nahezu unbekannt, und wenn wir draußen am Meer in Bohuslän die Strände entlanggingen, gab es kaum angeschwemmten Müll.

Wenn ich an diese frühe Erziehung denke, muss ich feststellen, dass sich eine ganze Menge als richtig und gut erwiesen hat. Die Erwachsenen waren wirklich erwachsen und repräsentierten etwas, das man übernehmen oder ablehnen konnte.

Agneta

Spielen ist die Arbeit des Kindes

Wir spielten. Natürlich taten wir das.

Die Spiele des Winters hatten etwas Beengendes. Muffige Luft und feuchte Wollsachen, die in dem neugebauten Genossenschaftshaus in der Bomansgatan 26, wohin der zweite Umzug meiner Kindheit führte, zum Trocknen aufgehängt waren. Die Lüftungsschlitze wurden mit Watte zugestopft, um die Wärme zu halten. Man muss bedenken, es waren die 1940er Jahre. Das ganze Viertel wurde von einer Zentrale aus geheizt, mit still grummelnden Heizkesseln. Und was wohlwollende Architekten als freie Rasenflächen geplant hatten, war mit riesigen, klafterweise geschichteten Holzstapeln belegt.

Zwischen den Holzstapeln zu spielen war strengstens verboten. Sie hätten einstürzen können. Falls sich ein Unglücklicher tief da drinnen eine Hütte gebaut hatte und eingeschlossen wurde, würde man seine irdischen Überreste vielleicht erst spät im März finden. Wir stellten uns die geheime Höhle in den Holzstapeln vor, aber verwirklichten sie nicht. Das war bestimmt gut so.

Natürlich spielten wir draußen im Schnee. Stolperten auf Skiern daher, deren Bindungen dauernd aufgingen, mit Schneebällen malträtiert von hochgewachsenen sadistischen Typen aus den beiden feindlichen Siedlungsgebieten rings um die Bomansgatan, die Vegabande aus dem Eigenheimgebiet im Westen und die Barnrikebande aus den Häusern für Kinderreiche im Osten. Sie alle waren sehr gemein, zumal sich manchmal Kieselsteine in den Schneebällen befanden, mit denen sie uns eine Abreibung verpassten. Die mörderische Wut, die ich vielleicht von meinen sehr bösartigen småländischen Vorfahren geerbt habe, bewahrte mich vor allzu schlimmen Schäden. Meistens flüchtete ich mit den anderen nach drinnen, zur Verzweiflung der Mütter.

»Skrillorna«, diese schmalen Eisbahnen, die entstanden, wenn man so lange über einen vereisten Pfad schlidderte, bis er zu einer perfekten gläsernen Bahn wurde, machten mir ein endloses Vergnügen, mit einem guten Ansatz konnte man eine erhebliche Geschwindigkeit erreichen. Wenn sie steil abwärtsführten, war es besonders lustig. Ich verwendete das Wort »skrilla« in meiner Übersetzung eines Seamus-Heaney-Gedichts, und wie sich herausstellte, verstand kein Lektor, was ich meinte. Jetzt habe ich es erklärt. Die Kindersprache aus den vierziger Jahren ist offenbar vollständig außer Gebrauch gekommen.

Im Winter spielten wir zu Hause. Ziemlich bescheidene Spiele. Den Schlüssel verstecken, Schwarzer Peter und Fünf Karten.

Das Fuchsspiel dagegen, ein feines Spiel, das gewissermaßen aufs Schachspiel vorbereiten konnte, spielte ich mit meinem Vater.

Mit dem Frühlingslicht kamen andere Spiele. An den ersten Märztagen wurde das Licht so stark, dass man mit einem nadelspitzen Sonnenstrahl aus einem Vergrößerungsglas das Ende eines Schnürsenkels in Brand stecken konnte. Ich erinnere mich ganz deutlich daran, wie die Zweitklässler auf der Schultreppe saßen und konzentriert mit ihren Vergrößerungsgläsern hantierten. In der Luft der Geruch nach verbranntem Schnürsenkel. Und das Murmelspiel, wenn der Boden aufgetaut war. Ein amüsantes Spiel, aber äußerst konfliktreich. Und traurig für den, der all seine Murmeln verloren hatte oder abgeluchst bekam. Das Murmelspiel verstand ich ganz richtig: als ein Training für spätere erfolgreiche Börsenspekulanten. Das hässliche Wort »Murmeljude« zeigt, wie selbstverständlich in den vierziger Jahren der Antisemitismus die Sprache infizierte.

Das Gedicht »Murmeln spielen« des liebenswürdigen Sten Selander fängt die Atmosphäre gut ein.

Eines Tages spielten wir Murmeln am Markt,
ein kleiner Volksschuljunge und ich.

Ich hatte an die fünfzig, er hatte fünf.
Wir spielten, und er verlor sie.

Er schniefte kurz und warf mir einen Blick zu,
da pfiff ich überlegen und ging.

Aber als ich zu unserer Haustür kam, tat es mir leid,
und ich fand, ich hätte etwas Hässliches getan.

Ich eilte zurück, aber nirgendwo
konnte mir jemand sagen, wo der Junge war.

Ich schämte mich. Ich glaube, ich schäme mich immer noch,
wenn ich sie wieder Murmeln spielen sehe.

Und ich würde wer weiß was dafür geben,
um den Jungen einmal froh zu sehen.

Heute ist er sicher ein großer, grober Kerl,
der sich schindet und abmüht – ich weiß nicht, wo.

Und wüsste ich es, würde es auch nicht viel helfen.
Man kann das Hässliche, was man getan hat, nicht ändern.

Man kann keine Murmeln mehr zurückgeben
und Jungen trösten, die zu Männern erstarrt sind.

In der Frankestraße, wo ich meine frühe Kindheit verbrachte, gab es für Kinder keinen Platz zum Spielen. Es gab ein Wäldchen neben einem Autoschrottplatz, für Fünf- und Sechsjährige zum Spielen prinzipiell ziemlich ungeeignet. Wir machten es trotzdem. Ein Skelett, angeblich ein toter Fuchs, vielleicht auch etwas ganz anderes, lag an der Kreuzung von zwei Trampelpfaden.

Ich habe nie verstanden, warum die Kindheit eine besonders glückliche Zeit sein soll. Alle anderen Perioden in meinem Leben fühlen sich viel glücklicher an. Die Kindheit war schwierig, langweilig, riskant. Hin und wieder tauchte in dem Wohnviertel ein Krankenwagen auf. War es nicht Scharlach oder Diphterie, dann war es der nicht minder gefährliche Keuchhusten.

Aus diesem wenig kinderfreundlichen, aber keineswegs verwahrlosten Gebiet kleiner Häuser im Westen in die neugebauten Genossenschaftshäuser im Osten an der Bomansgatan umzuziehen öffnete ein Glücksreich, zumindest in den ersten Jahren. Durch das Gebiet plätscherte noch der klare kleine Tunbybach, inzwischen seit Jahrzehnten diskret unter der E18 versteckt. Es war ein echter kleiner Bach, mit stillen überwachsenen Stellen und kleinen Wasserfällen, wo man mit Mühlrädern und Dämmen experimentieren konnte. Er fehlt mir noch heute.

Die damaligen Genossenschaftsarchitekten bemühten sich darum, die Fichten und Laubbäume zwischen den dreistöckigen Häusern zu erhalten. Hier gab es richtige Wäldchen mit mächtigen Eichen oder Kiefern, darunter eine eigentümlich verformte, die allgemein »Gustav Vasas Arsch« genannte wurde.

Rasch errichteten die Sieben- bis Zehnjährigen in dem Gebiet mehr oder weniger komplizierte Holzhütten. Material gab es im

Überfluss, man stahl es von den Baustellen der Genossenschaft, etwas weiter oben an der Straße. In den großen Bäumen konnte man zwischen zwei starken Ästen eine stabile dreieckige Plattform festnageln. Darauf konnte man aufbauen. Manchmal gab es mehrstöckige Hütten in ein und demselben Baum. Strickleitern? Nein, wir verwendeten solide Seile mit Kletterknoten, die man leicht hochziehen konnte, wenn unangemeldete Besucher kamen. Noch heute wundere ich mich, dass keine Unfälle passierten. Aber so war das zu meiner Zeit.

Es war eine Zufluchtsstätte, eine phantasieanregende Flucht in eine höhere Dimension. All das dauerte ein paar wunderbare Jahre. Dann kamen schwere Lastwagen mit Felsbrocken, die von einem neu aufgestellten Steinbrecher zertrümmert werden sollten. So wurde das Fundament für die E18 gelegt.

Bruno K. Öijer, einer der zeitgenössischen schwedischen Lyriker, die ich am meisten bewundere, hat dieses Gefühl beschrieben:

die Bagger
nahmen mir die Kindheit
zerschlugen die Apfelbäume
und die Dachböden
zerschlugen das Abenteuer
und die schönen alten Häuser
von diesem Augenblick an
begann das Tageslicht
aus meinem Leben zu verschwinden
und ich wandte mich in eine andere Richtung
ich führte lange Gespräche mit der Nacht
ich erinnere mich dass ich wach lag in meinem Bett
und das Kopfkissen umarmte
der Kissenbezug hatte eine Borte aus Geisterstimmen

die mir zuflüsterten
ich fühlte dass ich auserwählt war
ich spürte dass ich es schon geschafft hatte
mich von der Welt zu verabschieden
ich fühlte dass die Worte
ich fühlte dass die Bilder
zu mir kamen

(aus: *Der Nebel von allem*)

Doch es gibt immer Auswege aus dem gegenwärtigen Raum. Von den alten chinesischen Märchenerzählern berichtet Wolfgang Bauer in seinem Buch *China und die Hoffnung auf Glück*. Oft handeln ihre Erzählungen von armen Tagelöhnern, die bei Grabungen auf ein Loch stoßen. Sie haben den Abstieg zu einem unterirdischen Reich gefunden.

Im Keller der Nummer 26 gab es einen langen Korridor. Seitlich lagen Fahrradkeller, Abstellräume, nette kleine Schlupfwinkel unter den Treppen, in denen die Geschlechter einander scheu erkunden konnten, Kellerverschläge mit Kartoffelkisten und Kompottgläsern, ein Raum, wohl als Hobbyraum oder Partyraum gedacht, in dem aber – in einem einzigen Zimmer – lange eine Familie wohnte, von der man nichts mehr wusste, als dass sie arm war.

Diesen langen Korridor verwandelte ich in ein Raumschiff, das die Zeiten und die Dimensionen wechselte.

Auf diesem Raumschiff war ich – kraft meiner lebhaften Phantasie – Kapitän. Und zwar Jahrzehnte vor *Star Trek* und *Star Wars*. Als ich mich später zusammen mit meinen amerikanischen Kindern mit diesen vortrefflichen Science-Fiction-Produkten beschäftigte, erkannte ich, dass ich einige dieser Ideen bereits im Keller in der Bomansgatan gehabt hatte.

Besagtes Raumschiff war also sehr lang und schmal, ein Korridor. Aus der Ferne hörte man das Geräusch des Maschinenraums, das heißt, der Maschinen im Waschkeller, wo vor allem die großen altmodischen Zentrifugen ausgezeichnete Effekte produzierten.

Das Schiff bewegte sich schnell und sicher sogar durch die großen leeren Räume zwischen den Galaxien. Und natürlich auch durch die Zeit, obwohl die allgemeine Relativitätstheorie und der Riemann-Raum wohl noch nicht zu meinem Bildungsschatz gehörten. Woher ich das alles hatte? Aus den Science-Fiction-Zeitschriften, die man manchmal im Heizkeller auflesen konnte, dem Jules-Verne-Magazin und, etwas später, dem Magazin der Rekorde, Zeitschriften, vor denen dumme Lehrer die Jugend energisch warnten und die Eltern nicht gern in Kinderhänden sahen. Waren sie wirklich schlechter als die *Frithiofs Sage* oder *Die Abendmahlkinder*? Die Wahrheit ist, wie Jan Myrdal im Vorwort seiner Anthologie *Das Jules-Verne-Magazin* verdienstvollerweise bemerkt hat, dass viele junge Enthusiasten der SF-Literatur hier die Grundlagen für eine naturwissenschaftliche Ausrichtung fanden.

Genug davon, wir spielten jedenfalls ausgiebig im Kellerkorridor der Nummer 26 und den angrenzenden Räumen. Manchmal landeten wir mit dem Raumschiff und bereiteten uns sorgfältig auf feindliche atmosphärische und klimatische Verhältnisse in der Luftschleuse vor, die der Müllraum darstellte. Teleportation kannten wir im April 1945 noch nicht. Wir stiegen aus; die Frühlingsvögel sangen, sanfte Wolken zogen dahin.

Aber wir stiegen hinaus in eine fremde Welt mit unbekannten Bedrohungen und unbekannten Verheißungen. Es war die gewöhnliche alte Welt, aber für uns eine andere.

Und in gewisser Weise hatten wir ja recht.

Lars

Schnee

Mein kleiner Bruder und ich knieten oft auf dem Sofa in der oberen Halle, die Nase ans Fenster gedrückt, und schauten auf die Schneeflocken hinaus, die in dichten weißen Schwaden vom Himmel fielen. Wir versuchten beide einer speziellen Schneeflocke zu folgen, wenn sie von hoch oben kam, sich dann aus dem dichten Schneegestöber löste und auf der Fensterscheibe schmolz. Dass alle Schneeflocken verschieden sind, wie die Erwachsenen behaupteten, glaubten wir nicht. Also hielten wir Ausschau nach welchen, die gleich waren.

Eine meiner ersten Erfahrungen von Schönheit verbinde ich mit Schnee. Die Familie war auf dem Land, es war Winter und hatte über Nacht geschneit. Als ich morgens hinausging, hüllte sich die ganze Welt in Weiß, und ein warmer, gleichsam goldener Schein ließ alles rein und verzaubert wirken. Ich erinnere mich, dass ich ganz verdutzt stehen blieb, um den unberührten Schnee nicht mit meinen Fußstapfen zu zerstören. »Auf dem Land« muss damals bei Råcksta gård gewesen sein, wo Vattenfall später seinen großen Bürokomplex baute. Damals waren die Vororte Vällingby und Råcksta eine ländliche Gegend mit Äckern, Tieren und Wiesen. Das Haus dort gehörte ein paar Jahre lang meinem Onkel. Meine älteren Geschwister fuhren dort sogar mit Pferd und Schlitten. Schaue ich heute von der S-Bahn aus auf Råcksta mit all der Bebauung und den Verkehrsadern, wird mir klar, dass das alles schon sehr lange her ist.

Heidenstams Gedicht »Die Kälte der Mittwinternacht ist hart, die Sterne glitzern und glühen« beeindruckte mich, es hat auch mit Schnee zu tun, so, wie sein »Falle, Weihnachtsschnee, und rausche, trügerisches Ried«. Ich habe es zum ersten Mal im Radio gehört und bat Papa, mir den ganzen Text beizubringen. Ich fragte mich, was »Ried« bedeuten mochte. Dann hörte ich von Mädchen aus Småland, die Preiselbeeren im trügerischen Ried pflückten, und das Ganze wurde ein wenig klarer. Ich finde immer noch, dass »Ried« ein schönes Wort ist. *Die Schneekönigin* von H.C.Andersen, *Die Abenteuer des kleinen Vigg am Weihnachtsabend* von Victor Rydberg und *Olles Skifahrt* von Elsa Beskow waren Bücher mit Schnee zwischen den Buchdeckeln, alle drei irgendwie magisch und faszinierend – ich lebte mich ganz in diese Geschichten ein und konnte sie beliebig oft lesen.

Eines Weihnachtsabends, als alle Geschenke ausgepackt waren, gingen Papa und ich hinaus auf den Thaliavägen und machten in der weißen, kompakten Stille einen Spaziergang. Es war

Agneta und Christian mit dem Bruder Lars 1949

Neuschnee gefallen, aus den Fenstern der Nachbarn leuchtete es gemütlich. Papa und ich führten bei solchen Gelegenheiten philosophische Gespräche: »Aber wenn man tot ist und in den Himmel kommt, wo ist man dann?« Nie war wohl die Welt so schön und weiß wie damals! Und es gab nur uns zwei auf der ganzen Welt.

Entlang der Straße lagen hohe Schneewälle. Die hatte Birre mit der großen roten Nase – Bruder Lasse sagte, er hätte eine Erdbeernase – mit Hilfe eines dreieckigen Pflugs aufgeschichtet, der von einem großen braunen, stark dampfenden Arbeitspferd gezogen wurde. Birre gehörte zu den freundlichen Erwachsenen, und ich durfte das Pferd streicheln und ihm ein Zuckerstück geben. Man musste es auf die Handfläche legen und die Finger nach unten strecken, damit das Pferd nicht hineinbiss. Es war ein kribbelndes Gefühl, wenn das weiche Maul vorsichtig nach dem Zuckerstück schnappte. Manchmal durfte das Pferd sich ausruhen und aus einem Hafersack fressen. Hin und wieder lud Mama Birre zu einer Tasse Kaffee ein, und dann ließ man mich das Pferd streicheln, so lang ich wollte. Es roch so gut, es strahlte Freundlichkeit und Stärke aus. Ich hatte keine Angst vor ihm.

In den vierziger Jahren waren die Winter schneereich und streng, die Wälle entlang der Straße wurden höher und höher, die Straße schmaler. Besonders weiß blieben die Schneewälle nicht lange, knallgelbe Hundepisse zeichnete sich deutlich darauf ab, außerdem wurde der Schnee vom Streusand dreckig. Autos hingegen waren so selten, dass sie den Schnee nicht mit ihren Abgasen beschmutzen konnten. Die älteren Kinder bauten in diesen Wällen Schneefestungen, und manchmal durften wir ihnen helfen, aus Schneebällen Munition zu formen. Wasser hineinzumischen, so dass sie eisig wurden, galt als unfair.

Bevor die Straße nach einem Schneefall gestreut wurde, konnte man auf dem abschüssigen Thaliavägen leicht mit dem Tretschlitten zum Markt hinunterfahren. Damals kam mir der Hang lang und steil vor. Manchmal saß ich auf einem kleinen Kissen, während Mama uns im Schlitten zum Markt hinunterbeförderte, um Einkäufe zu machen.

Wir fuhren schon als kleine Kinder Ski in dem kleinen Park, der an der Rückseite unserer Villa begann und zum Markt und der Tramstation führte. Heute sehe ich, wie klein der Park war. In dem Durcheinander im Kellerverschlag gab es jede Menge Schlittschuhe und Skier. Meine ersten Skier waren kurz und breit, mit einer nach oben gebogenen, gerundeten Spitze. Man schob den Fuß durch einen Lederriemen, und das war's. Mit schicken Sachen waren wir nicht verwöhnt. Ich musste einen Rock oder ein Kleid unter den Skihosen tragen, das war sonderbar. Aus Anstand? Eine Sechsjährige?

»Nicht gestreut« stand auf einem Schild an den Treppen zum Park hinunter. Das war uns natürlich egal. Im Winter benutzten die Erwachsenen diese Abkürzung nicht, und wir gossen auf der Treppe Wasser auf den Schnee, so dass eine richtig glatte Rutschbahn entstand. Da, wo der Weg eine scharfe Biegung machte, bauten wir einen Wall. In rasender Geschwindigkeit sausten wir mit dem Schlitten oder auf Pappscheiben die Treppen hinunter. Einmal raste ich mit einem Rums direkt in eine Kiefer neben dem Wall, es hätte schlimm enden können. Der Blutfleck war noch lange auf dem weißen Schnee zu sehen. Ein anderes Mal fuhr ich auf einer Rutschbahn, die unter einem niedrigen Zaun durchführte, volles Tempo. Ich vergaß, mich zu ducken, knallte dagegen und wurde bewusstlos. Ein Spielgefährte musste mich nach Hause bringen. Wie sich herausstellte, hatte ich mir eine ordentliche Gehirnerschütterung zugezogen.

Wenn wir im Winter Gäste hatten, formten wir auf den beiden Zaunpfählen aus Schneebällen schöne Schneelaternen und stellten Kerzen hinein. Eine freundliche Begrüßung für die Ankommenden. Natürlich bauten wir auch Schneemänner. Die Kinder auf der Straße wetteiferten um den schönsten. Für mich war das eine frühe Einübung in die Bildhauerei. Der Schneemann bekam Hut und Schal (»Wer hat meinen karierten Schal genommen?«, fragte Papa) und Zähne aus Zuckerstücken. Er bekam auch Frau und Kinder, aber schließlich schmolz die ganze Familie dahin, und damit war der Winter zu Ende.

Agneta

Freundschaft

Kleine Mädchen haben eine schöne Fähigkeit, Freundschaften zu entwickeln. Diese frühen Freundschaften können so stark sein wie eine Verliebtheit. Ich spüre noch heute die erwartungsvolle Freude der Fünfjährigen, wie ich hinaus auf den Thaliavägen rannte, um die Freundin Anna Karin zu treffen. Sie wohnte vier Häuser von unserem entfernt, ganz am Ende der Straße meiner Kindheit, auf der Grenze zu einem unbekannten Gebiet. Wir liefen einander mit offenen Armen entgegen und spielten, bis wir zum Essen nach Hause mussten. Anna Karin besaß ein Spielhäuschen im Freien. Ihr Vater, Zahnarzt und eine Art Erfinder, hatte eine Limonadenmaschine konstruiert, eine Kohlensäurebombe, und es gab jederzeit Brausegetränke. Bei Anna Karin und ihren fünf Geschwistern konnte man eine Menge lustiger Dinge machen. Unsere Elternhäuser waren sehr verschieden, das war gerade das Spannende. Meiner Mutter wäre es nicht eingefallen, nachmittags die Abendzeitungen zu lesen und Gebäck aus der Konditorei Gasellen am Nockeby-Markt zu verzehren, wie Anna Karins Mutter, Tante Elsa. Irgendwie frivol.

Aus unerfindlichen Gründen verbot mir mein Vater plötzlich, mit Anna Karin zu spielen. Ich kann auch heute noch nicht verstehen, warum. Es war ein Teil meiner etwas willkürlichen Erziehung. Aber ich verstieß gegen dieses Verbot. Wir spielten einfach heimlich miteinander. Eines Tages kam Papa viel zu früh aus dem Büro angefahren. Anna Karin und ich radelten gerade auf unseren kleinen Fahrrädern vor ihrem Haus herum, wurden also in flagranti erwischt … Als Papa fragte, warum ich gegen sein Verbot verstieß, sagte ich, ich wollte Anna Karin nur beim Abstellen der Fahrräder helfen. Dass ich mich so deutlich an diesen Vorfall erinnere, liegt vermutlich daran, dass ich log, und merkte, dass Papa mir nicht glaubte. »Du sollst nicht falsch Zeugnis reden …« Anna Karin und ich sind noch immer eng befreundet.

Eine andere intensive frühe Freundschaft verband mich mit meiner zwei Jahre älteren Kusine, Malin, die ich zutiefst bewunderte. Sie lebte in einer Wohnung in der Stadt, war sehr selbständig, durfte ganz allein mit der Tram fahren. Ich erinnere mich, wie ich an der Haltestelle auf dem Geländer hockte und auf sie wartete. Einige 12er fuhren vorbei, bis zu meinem Glück Malin ausstieg. Wir waren sieben und neun Jahre alt, als Malin zum ersten Mal auf eigene Faust zu mir fahren durfte. Malin war hübsch, mit langem, dichtem braunem Haar, auch sie trug Zöpfe. Sie war geschickt und tüchtig beim Nähen, und sehr fein und adrett angezogen, im Vergleich zu mir. Ordentlich und vernünftig war sie auch. Einmal fragte sie mich, wie ich Sonnenregen fände. Ich schaute sie an, um herauszubekommen, was *sie* meinte. Dann sagte ich ein bisschen vage, ich würde Sonnenregen mögen. Da entgegnete Malin: »Nein, das ist falsch. Es muss *entweder* Sonne sein *oder* Regen!« Wie ich sie bewunderte!

Malin übernachtete in meinem Zimmer, und wir tuschelten stundenlang, am liebsten im selben Bett, bevor wir einschliefen. Auch diese Freundschaft hat ein Leben lang gehalten. Und diese Freundschaften ähnelten durchaus der Verliebtheit. Anna Karin hat mir später erzählt, dass sie immer ein bisschen eifersüchtig war, wenn Malin übers Wochenende kommen sollte, weil ich dann ja nur noch für sie da war!

Was diese frühen Freundschaften wirklich für uns bedeuteten, ist schwer zu sagen. Ich war gegenüber Anna Karin und Malin völlig unkritisch, mochte alles, was mit ihnen zu tun hatte, so sehr faszinierten sie mich. Wir stritten uns nie. Ich glaube nicht, dass es eine Art Einübung in unsere spätere »richtige« Verliebtheit in Männer war. Die Gefühle waren stark und haltbar und auf vielerlei Weise ungeheuer wichtig für uns. Die Freundschaften zwischen Anna Karin und mir und Malin und mir überdauerten ja tatsächlich alle späteren Verliebtheiten und blieben konstant. Bei aller Verschiedenheit zwischen uns kleinen Mädchen sehe ich uns als Zwillingsseelen. Wir zogen einander an und entdeckten einander, wie in einer Art vollkommener, reiner und selbstloser Liebesbeziehung.

Agneta

Erste Liebe

Noch heute erinnere ich mich an dieses intensive Gefühl. Die Sehnsucht. Nachdem wir uns ins Auto gequetscht hatten und mein leicht neurotischer Vater mehrmals in die Villa zurückgegangen war (Heizkessel kontrollieren, alle Schlösser prüfen, vergessene Sachen holen, *immer* vergaß er seine Sportmütze), begannen wir endlich die lange Fahrt in die Sommerferien, in die Freiheit, nach Bohuslän. Und da war Sven-Olle. Letztes Jahr im August hatte ich ihn kennengelernt, am Ende unseres Sommeraufenthalts. Bevor wir uns auf den Heimweg nach Stockholm machten und mein kleiner Bruder und ich uns auf den Boden des Autos legten, um nichts sehen zu müssen. Solna, Brommaplan, hu! Das ganze Jahr über hatte mir der Gedanke an Sven-Olle fast täglich eine Art Ruhe und Gewissheit gegeben. Allein sein Name hatte einen besonderen Glanz. Sven-Olle war der schönste Name, den es gab.

Diesen Sommer sollten wir ein paar Wochen im Gasthof in Tanumshede wohnen. Die kleinen Fertighäuser auf unserem Grundstück konnte man noch nicht beziehen. Sven-Olle war der Sohn des jovialen, beleibten Gastwirts und hatte zwei Schwestern. Mit seiner Schwester Kerstin war ich gut befreundet. Mein Bruder und ich spielten aber auch mit Sven-Olle und ein paar anderen Kindern aus der Gegend.

Eigentlich war nichts Bemerkenswertes an Sven-Olle, oder? Ein blonder, blauäugiger, zartgebauter Junge, ein paar Jahre älter als ich. Er war nett, und wenn er lachte, kniff er die Augen auf unwiderstehliche Art zusammen. Er ärgerte nie jemanden und war nie gemein zu mir. Und er sprach diesen weichen bohuslänschen Dialekt, der so anders und so fröhlich klang, fast wie Norwegisch.

Wir spielten vor allem in der großen Scheune unterhalb des Gasthofs, die es heute nicht mehr gibt. Mit einer Wasserpistole schossen wir auf die Schweine, die das offensichtlich genossen, oder sprangen von einem Gestell in das duftende, kitzelnde Heu. Wir krochen durch lange Gänge, die wir in das Heu gegraben hatten. In diesen Heugängen auf Sven-Olle zu stoßen, gab diesem Spiel seinen ganz besonderen Reiz.

Das größte Glück war aber, als Sven-Olle mich fragte, ob ich auf dem großen Arbeitspferd sitzen wollte, während er es aus seinem Stall am Ende der Scheune auf die Weide führte. Er half mir hinauf, und da saß ich, den riesigen, warmen Pferdekörper unter mir, und wurde vom Pferd geschaukelt, während Sven-Olle es am Zaum führte. Hätte das doch ewig gedauert! Aber es blieb bei diesem einen Mal.

Dass er da war, dass ich ihn heimlich anschauen konnte, war mir genug, körperlich war diese Liebe noch nicht. Ich weihte Kerstin in mein Geheimnis ein, und sie versprach zu schweigen. Es durfte ja niemand erfahren!

Aber in jedem Paradies gibt es eine Schlange. Eines Tages spielten wir auf der großen Wiese hinter dem Gasthof. Als ich gerade Kopfstand übte, hörte ich, wie Kerstin Grethe, einer Verwandten aus Dänemark, die bei uns wohnte, erzählte, ich sei in Sven-Olle verliebt! Was für ein abscheulicher Verrat! Was für eine Schmach! Grethe fing an zu lachen, und in diesem Moment kam Sven-Olle vorbei, und Grethe erklärte ihm: »Agneta ist in dich verliebt!« Es war ein Gefühl, als ob mir die Kleider vom Leib gerissen würden und ich nackt wäre! Völlig verzweifelt rannte ich weg.

Was danach passierte, weiß ich nicht mehr. Für mich war alles zerstört, nachdem mein zartes Geheimnis so brutal aufgedeckt worden war. Da verschwand auch die Liebe zu Sven-Olle. Sie verblich ganz einfach.

Agneta

Sommer 1943. Brattheden, Ramnäs

Und jetzt ist es Sommer 1943. Der Sommer, auf den der Stalingradwinter folgen sollte. Ein Sommer in den Scharnieren der Weltgeschichte. In Schweden, einem äußerst bedrohten Land, führten die meisten Menschen ein erstaunlich normales Leben. Die Erwachsenen warteten unruhig darauf, dass der Postbote ihnen das charakteristische braune Kuvert der Wehrpflichtbehörde bringen würde, und auf den Bahnhöfen sah man viele Männer in gepolsterten Uniformen mit schweren Stiefeln.

Im Übrigen ist das Leben von *Kupons* dominiert, Kupons für Margarine, für Brot, für Fleisch (das man selbst mit Kupons selten bekam), Kaffee und Tee. Kupons, die man nach einem halben Tag Anstehen bei mürrischen alten Männern im Büro der Lebensmittelkommission abholt, Kupons, die man in speziellen Fächern verwahrt und an beschäftigungslosen Abenden gierig durchrechnet.

Ansonsten nimmt das Leben seinen üblichen Lauf.

Frau Falk hat ihren Mann verloren. Er war Köhler und ist durch das Dach des Meilers eingebrochen. Es muss kürzlich geschehen sein. Derlei passiert sehr oft. Die Kinder auf Brattheden nennen Frau Falk Schreisuse.

Schreisuse trägt ein Kopftuch. Das tun die meisten Frauen hier draußen auf der Landzunge, wenn sie verheiratet oder verwitwet sind. Vielleicht bedeutet es, dass sie nicht zu haben sind. Ein Gedanke, der mir damals wohl kaum gekommen ist.

Im Nachbarhaus wohnt Lindvall, der alte Förster. Er diskutiert an der Fliederhecke wortgewandt über das, was in der Welt geschieht. *Der Russe* will dies machen, und *der Deutsche* will jenes machen. Und dabei wird nichts Gutes herauskommen.

Die Häuser der Nachbarn sind rot und gepflegt, Flieder und Erdbeerbeete, mit einem geharkten Gang bis zur Vortreppe.

Dahinter kommen die *Sommerhäuschen*. Man nennt sie so, bis auf das eine oder andere, das sie *Sporthäuschen* nennen. Wie eine Perlenkette reihen sie sich auf dem Hügel entlang der uralten Landstraße nach Seglingsberg und der Schleuse von Färmansbo, sie sehen aus wie Schwalbennester oder Vogelhäuschen, weil sie auf hohen Betonsockeln stehen, die ihnen an den steilen Hängen der Landzungen Stabilität verleihen.

Sie sind, muss man sagen, von unterschiedlicher Qualität, angefangen mit den von Architekt Anderberg richtig hübsch entworfenen Häusern im Dalarnastil bis zu einem hierher transportierten und notdürftig aufgebockten Eisenbahnwaggon, der angeblich dem ehemaligen Bahnhofswärter von Surahammar gehört. Zu den Sporthäuschen kommen die Sommergäste mit dem Bus oder auf Fahrrädern. Es sind die Jahre des Holzvergasers. Ein Holzgastaxi kann man am Bahnhof von Ramnäs bestellen, aber nicht alle können sich das leisten. Dann bleiben Fahrradfahren oder Fußmärsche.

Ein Auto besitzt nur der Händler Tunberg, aber auch erst in den fünfziger Jahren, einen Vauxhall.

Die Grundstücke, auf denen diese Sporthäuschen stehen, sind für eine Anzahl von Jahren vom Hüttenwerk Ramnäs gepachtet, und zwischen dem Hüttenwerk und den Sommergästen herrscht ein permanenter Kriegszustand. Der mächtige Vorrat an Baumstämmen, in einem Flößerrahmen in der Sågbucht gelagert, hat die Neigung, sich loszureißen und an den Stränden der Sommergäste zu landen, wo es gilt, sie rasch abzufangen und in Stücke zu sägen, ehe die Flößer vom Sägewerk mit ihren schweren Kähnen und langen Bootshaken kommen.

Einen anderen, parallelen Krieg führt man um den für Mörtel sehr brauchbaren Sand aus der Sandgrube. Die Schubkarren müssen außerhalb des Sichtfelds des sehr aufmerksamen Sägewerksvorarbeiters Eckermann bewegt werden, und man muss darauf achten, wann er zu Hause ist.

Schreisuse hat ihren Namen daher, dass sie so laut schreit, wenn sie uns in ihrem Erdbeerfeld erwischt. Ein großer Teil des Lebens dreht sich um die schon erwähnten Kupons. Will man etwas zuwege bringen, was man nicht selbst beherrscht, beispielsweise einen Holzstumpf zerhacken oder einen mächtigen Steinblock versetzen, zahlt man am besten mit *Brotkupons*. Offensichtlich brauchen verschiedene Menschen verschiedene Mengen an Brot.

Es geht um mein sehr kreatives Alter als Siebenjähriger, die Jungen Ahlin und ich bilden eine geschickte und sehr aktive Bande. Sind wir nicht in der Sandgrube, sind wir draußen auf dem Moor.

Das Moor ist besonders verlockend, verboten und gefährlich. Die Torfstecher mit ihren länglichen Spaten und extra niedrigen Schubkarren sieht man nur hin und wieder. Sie führen einen ständigen Kampf gegen die Wolke von Mücken, die sie umgibt, und legen sich häufig auf einen feuchten Jutesack auf den Kopf, um sich vor der Mittagshitze zu schützen. Goldammern und andere kleine Vögel, die gern das Moor bevölkern, flattern in dichten Schwärmen auf. Eigentlich ist es nur die Größe, welche diese Moore von den Feuchtgebieten Norrlands unterscheidet. Hier und da leuchten reife Multbeeren in dem hellen Grün – und immer gerade dort, wo man zwischen den Grasbüscheln einsackt, wenn man ungeschickt springt.

In einem der ausgehobenen Kanäle schwillt der aufgedunsene Kadaver einer Kuh, die sich verirrt hat und die man, trotz der Bemühungen vieler Männer mit Leitern und Riemen nicht mehr herausziehen konnte. Der Gestank ist fürchterlich, die Fliegen – es scheinen Millionen – bilden eine Art dickflüssige Masse über den Augen des toten Tiers.

Wir wollen ihr fernbleiben, werden aber ständig von diesem Ort angezogen. Jahrzehnte später wird mir dieses Phantom wieder begegnen, aber jetzt literarisch in Baudelaires *Une charogne*.

Die Seen, die lebendigen, offenen Seen mit ihren Windstraßen und kräuselnden Windböen im öden und damals stark von Kahlschlägen betroffenen Mittelschweden, haben interessanterweise fast immer einen toten Zwillingsbruder, ein Moor, einen Sumpf, von dem lebendigen Wasser durch eine Landzunge getrennt.

So sieht es also hier aus. Der Weg der Sommergäste ist sehr alt. Die Meilensteine stammen tatsächlich aus der Zeit von Karl XI., wie in dem Gedicht, das Hjalmar Gullberg über den Skansen geschrieben hat. Unten an der uralten, bemoosten Steinbrücke über den Bach, der den Abfluss des Moors in den See bildet, wurde ein Metzger in seinem Pferdewagen von Wegelagerern überfallen und in den Bach geworfen.

Je weiter man Richtung Färmansbo kommt, desto kleiner und bescheidener werden die Sommerhäuschen. In dem allerkleinsten, eigentlich nur eine Scheune mit Veranda, wohnt der Maurer Ramsberg, der unseren Herd gemauert hat und dem an der linken Hand der halbe Daumen fehlt. Vom Holzschneiden, sagt er.

Sein chronisch verrückter Schwiegersohn wollte einen Kahn zu einem Tretboot umbauen, installierte Fahrradpedale und eine Kette sowie ein großes Rad im Boot, versäumte es aber, eine Radverkleidung anzubringen. So dass es gleich versank. Und damit basta. Der Kahn muss inzwischen sehr vermodert sein.

Das Wasser, braun vom Eisen, war nur bis zur Tiefe von einem Meter durchsichtig. Ich lernte früh, *das Atmen einzustellen*, statt nur *den Atem anzuhalten*, und wurde der Beste der Bande im

Hochholen von mächtigen Teichmuscheln, alten Ankern und Leergut. Es war kein besonders interessanter See. Verglichen mit den Weiten des Åmänningen, den ich erst im Studentenalter kennenlernen sollte, hatte der Norra Nadden nicht viel zu bieten – keine einzige Insel, nicht einmal ein paar gefährliche Untiefen. Ordentliche weiße und schwarze Seezeichen leiteten den Verkehr sicher durch die kanalisierte Fahrrinne auf der linken Seite. An jedem Donnerstag kam das Dampfschiff *Thor* mit den angehängten Schleppkähnen vom Smedjebacken herunter, und einmal in der Saison kam die mächtige Flößerschleppe, ein schwer zu zähmendes Floß, das erfahrene Männer brauchte, um es zusammenzuhalten.

Nein, es war kein wirklich bemerkenswerter See, aber er war mein Lehrmeister. Stundenlang konnte ich am Strand sitzen und die Schwärme von Ukeleien betrachten, wie sie sich im Nachmittagsschatten heranschlichen, um blitzschnell zu verschwinden, wenn jemand sie störte.

An den beiden Mündungen, Einmündung und Abfluss, bildete sich ein seltsames Delta von Schilfkanälen. Hier konnten die mächtigen Schläge der großen Hechte die Mittagsstille durchbrechen.

Mit Schilfsicheln schnitt man Eingänge in dieses Deltaland, wo weiße und rote Seerosen in der Stille gediehen. Und hier fischte man mit Reusen.

Wie jede Fischerei eine im Grunde genommen abscheulich brutale Tätigkeit. Wenn Fische schreien könnten, was geschähe dann?

Lars

Kindheitssommer

Meine große Liebe zu Bohuslän beruhte vermutlich in erster Linie darauf, dass Mama immer so fröhlich war, wenn wir die langen Autofahrten von Bromma zu unserem Ferienhaus im nördlichen Bohuslän hinter uns hatten. In der Villa am Thaliavägen fühlte sie sich eingeengt und nie richtig wohl. Aber hier fand sie offenbar zu sich. Mir wurde auf der Fahrt meist übel, und ich musste ab und zu aussteigen, aber meine keineswegs trunksüchtige Mutter hatte immer Kognak dabei, in einem silbernen Flachmann im Lederfutteral, aus dem ich einen Schluck nehmen musste, das half. Sobald wir angekommen waren, rannten mein Bruder und ich los, hinunter zum Wasser, und feierten das erste Bad. Denn jetzt begann ein langer, herrlicher Sommer, der niemals enden durfte! Jetzt begann das Abenteuer. An diesen Sommertagen konnten wir uns ganz und gar ausleben.

Dies hier war Mamaland, denn meine Mutter kam aus Göteborg und hatte viele Verwandte entlang der Bohusküste. Ich war endlich weit weg von den Zwängen und Pflichten der Schule und der Villa am Thaliavägen, die nach dem Auszug der Geschwister recht düster geworden war.

Unsere beiden Häuser lagen auf einem großen Naturgrundstück am Sannäsfjord. Die Häuser hatte man mit Eisenbahn und Lastwagen dorthin transportiert, weil Bauverbot herrschte. Mit der Zeit verfrachtete man auch andere Häuschen dorthin. Eines hatte als Köhlerhütte gedient und war innen ganz schwarz. Nach dem Tod des Großvaters wurde das größere unserer Häuser mit dem von meiner Mutter geerbten Geld in Etappen ausgebaut. Papa, der in Russland mit der Furcht vor der Geheimpolizei des Zaren aufgewachsen war, hatte Angst vor den Behörden und war sehr gesetzestreu. Er sorgte dafür, dass der Ausbau möglichst klein gehalten wurde, um nicht gegen irgendwelche Gesetze zu verstoßen.

Ein wunderbares Sommerland! In den fünfziger Jahren gab es noch die kleinen Bauernhöfe. Die bäuerliche Landschaft war abwechslungsreich und gepflegt, fast wie eine Gartenlandschaft. Bis zur Steinmauer am Rand der Äcker wurde gepflügt, Wildwuchs gab es kaum. Kühe und Pferde hielten das Gras kurz und fein. Wir liefen barfuß zwischen den Kuhfladen, alle Kühe schauten uns an. Manchmal setzten sie sich schwerfällig in Bewegung, dann hüpften wir schnell über den Zaun oder die Steinmauer.

In dieser Gegend gehörten wir zu den ersten Sommergästen. Ein paar hundert Meter weiter lebte die Familie Andersson auf

Agneta in Bohuslän 1950

einem Hof mit Pferden, Kühen, Färsen, Hühnern und dem freundlichen Knecht Alf, den wir liebten. Einmal durften wir zwei Färsen taufen. Ada und Frida fanden wir passende Färsennamen. Anders Andersson rauchte Pfeife, die sehr gut roch. Mit seinen rissigen, trockenen Händen stopfte er sie umständlich und genüsslich mit Tabak. In seinem rotgestrichenen zweistöckigen Tischlerschuppen stellte er Möbel her, richtig feine Tischlerarbeit. Durch Sägespäne, Holzöl und die verschiedenen Holzarten war die Luft trocken. Der Wacholder duftete am stärksten. Natürlich nutzte Anders Andersson, als der alte Kirschbaum umstürzte, auch dieses Holz.

Wir besuchten Emma Andersson in ihrem Reich, dem Garten. Der Weg dorthin war von niedrigen Steinmauern gesäumt, und in den Gräben wuchsen Sommerblumen, deren Namen ich alle lernte. Auch an einer kleinen Schmiede mit altem Werkzeug und einem gepflegten Bauernwald gingen wir vorbei. In Emmas Gartenlaube bekamen mein Bruder und ich köstlichen selbstgemachten Saft, die Eltern Kaffee und selbstgebackene Plätzchen. Das Tischtuch hatte Emma ebenfalls selbst gewebt. Rosen, Pfingstrosen, Taglilien und blauer Rittersporn wuchsen üppig in den Beeten.

Auch die Gemüsebeete waren Emmas Reich. Wir Kinder durften Erbsen, Karotten und andere Köstlichkeiten ernten. Diese kleinen Landwirtschaftsbetriebe repräsentierten die beste Bauernkultur. Anders und Emma hatten eine freundliche, schöne, etwas verträumte und »schwächliche« Tochter, die den Hof nicht übernehmen konnte. Wir fanden, sie solle Alf heiraten, wie in den Märchen, dann würde sich alles finden. Aber der Hof musste verkauft werden, und die neuen, jungen Besitzer rissen das meiste ab, bauten einen Torbogen mit Ziegeltapete im großen Zimmer, wie es damals Mode war, und ersetzten die alten Sprossenfenster durch öde moderne Fenster. Ich erinnere mich, Mama meinte nach dem Besuch bei den neuen Nachbarn ein bisschen vage, sie hätten es sich gemütlich gemacht.

Aber bevor die Familie Andersson zu unserer großen Trauer wegzog, zeigte Emma mir all ihre heimlichen Pilzstellen. In den Wäldern ringsum wuchsen massenhaft Pfifferlinge. Im Nachhinein muss ich sagen, dass ich diese Familie wirklich liebte, Anders, Emma und die Tochter Ulla. Jetzt sind sie schon lange fort.

Zum Einkaufen ruderten wir meistens zum Kaufladen nach Sannäs hinüber. Es gab zwar einen moderneren Konsum, der dem privaten Geschäft mit der Zeit Konkurrenz machte, aber wir kauften am liebsten in Herrn Pålssons Kaufladen ein, in dem über die Theke bedient wurde. Meine älteren Geschwister waren in diesen wunderbaren Sommermonaten oft dabei, und dann ruderte mein Bruder Hasse im Spitzkahn hinüber, mit meinem kleinen Bruder und mir im Schlepptau. Schwimmwesten hatten wir keine! In dem Laden gab es alles, auch Bonbons, Stoffe und Gummistiefel. Herr Pålsson, in einem leidlich sauberen weißen Kittel, schnupfte und hatte nicht mehr viele Zähne, seine verlässlichere Frau organisierte den Laden. Die Waren wurden mit der Hand in eine Art Kassenbuch eingetragen, und man bezahlte am Monatsende. Herr Pålsson fragte seine geduldige Ehefrau immer »Was kosten die Kornfloxa?« und schrieb zu unserer Belustigung die Cornflakes auch so auf.

Fleisch kaufte man am anderen Ende des Hauses. Da wir zu den feinen Leuten gezählt wurden, durften wir innen durch die Privaträume der Familie zum Fleischerladen gehen. Andere Kunden mussten ums Haus herum oder durch den Küchenbereich. Den Wandbehang mit Mondscheinmotiven im Wohnzimmer fand ich schön, aber ich verstand, dass man das nicht finden durfte. Ehe Herr Pålsson das Fleisch in die Schneidemaschine schob, wusch er sich demonstrativ die Hände – Hygiene war Ehrensache – in einer Schüssel mit schmutzigem Wasser. Mein Schwager entwarf später ein Alphabet von A bis Ö mit den Namen aller Menschen, die wir dort in der Kindheit getroffen hatten. Bei P hieß es: »Herr Pålsson klopft die Steaks im Laden, dass wir im Blut beinahe baden.« Aber er hatte sehr gute Fleischwaren, und es war ein wahres Vergnügen, zum Kaufladen in Sannäs zu rudern. Eine richtige Lügenbank gab es auch, wo die alten Fischer saßen und das Geschehen kommentierten. Es galt, sich »seemännisch« zu benehmen, ein echter Ehrentitel, sonst taugte man nicht viel. Wenn wir später über die Bucht nach Hause segelten, traf das auch auf uns zu.

Da Papa in vielerlei Hinsicht ein Vater aus dem neunzehnten Jahrhundert war, hatte er mir verboten, zum Tanz auf der Landungsbrücke und ähnlichen Vergnügungen zu gehen. Meine Schwester und mein jüngerer Bruder scherten sich um keine Verbote. Sie bemühten sich nicht, es ihm recht zu machen, aber ich empfand eine Art Loyalität zu meinem Vater – ich war ja in der Kindheit wirklich Papas Mädchen –, ein Zwiespalt, der schwer aufzulösen war. Als kleines Kind hatte ich hoch und heilig versprochen, mich um ihn zu kümmern, wenn er alt wäre … Wir wohnten ja ein wenig isoliert, und ich war eine gehorsame, aber zugleich sehr eigensinnige Tochter. Etwas Gutes kam dabei heraus: Ich übte mich in der Kunst des Herumstreifens und war stundenlang unterwegs. Dabei lernte ich die bohuslänische Natur kennen, eine ziemlich gute Sublimierung. Zwischen den Felsen entlang des Fjords gab es kleine Wälder, die reich an Pilzen, Erdbeeren, Himbeeren, Blaubeeren waren und edlen, saftigen Brombeeren im Spätsommer. Schnelle Kreuzottern, die sich über den Pfad schlängelten, Waldvögel, die ganz nah aufflatterten, an keine Störung gewöhnt, und ständig im Hintergrund das Kreischen der Möwen. Das blaue, salzige Wasser des Fjords, die Muscheln an den Felsen und den Steinen am Anlegesteg, die Austern etwas weiter draußen. Wenn wir Netze auswarfen, was zu dieser Zeit noch erlaubt war, fingen wir immer irgendeinen Fisch, am schmackhaftesten war die Scholle. Wenn Makrelen im Fjord auftauchten, wurden sie oft von Tümmlern gejagt. Wir riefen: »Die Tümmler sind da!«, stiegen auf den Felsen am Fjord und beobachteten, wie sie im Wasser ihre Künste vorführten.

Manchmal brachte ich von meinen Streifzügen einen Korb voll Pfifferlingen, feinen Champignons, Röhrlingen und anderen Pilzen mit, die dann für die ganze Familie in Butter gebraten wurden und köstliche Düfte im Haus verströmten. Für Mama pflückte ich die allerschönsten Blumensträuße – dort wuchsen die Waldhyazinthe und Jungfrau Marias Himmelsschlüssel zusammen mit anderen lieblichen Sommerblumen, und als wir uns der Zeit näherten, in der wir das Sommerparadies verlassen mussten, hatte die Heide in den Felsspalten zu blühen begonnen, umschwärmt von Hummeln, Bienen und allen Schmetterlingen des Spätsommers.

Agneta

Langeweile

Dieses diskrete Starren auf die billige Armbanduhr am linken Handgelenk – bedeutend besser, als sich ganz umzudrehen und auf die einsam tickende Uhr der Schule ganz hinten im Klassenzimmer zu schauen –, dieses Starren war der innerste Inhalt der Zeit.

Martin Heidegger hat ja festgestellt – etwas, das ich viele Jahre später in Oxford entdeckte –, dass es die Langeweile, *die leere Zeit* ist, in der wir den elementaren Grundton erleben können, der unser eigener und der unserer Existenz ist. In der Langeweile zeigt sich das Erleben der Zeit seiner Unterhosen beraubt.

Sein Grundgedanke – in dem langen Essay, den er darüber verfasst hat – kann vielleicht so ausgedrückt werden.

Die letzte Schulstunde am Samstag sollte um fünf Uhr enden, oder war es zehn vor vier? Dann sollte es läuten – in den ersten Jahren mit einer alten Messingglocke, von einem auserwählten kleinen Schüler in Golfhosen und einem Wollpullover mit Schachbrettmuster energisch geschwenkt. Der *per Definition* nicht zu spät kommen kann. Oder kann er? Was sagt Einstein?

Später wurde die einfältig bimmelnde Glocke durch ein viel bedrohlicheres mechanisches Signal ersetzt. Mit welcher Freude hörte ich es! Und wie unendlich langsam krochen die letzten zwanzig Minuten der am meisten gehassten Stunden voran, *regula de tri*, die deutsche Grammatik!

Der ursprüngliche Geistesblitz hinter Einsteins beiden Relativitätstheorien, der speziellen und der allgemeinen, lag darin, die Zeit als etwas zu definieren, das man mit Uhren misst. Eine sogenannte operationelle Definition.

Eine Uhr kann irgendetwas sein, das eine vollkommen regelmäßige Serie von Ereignissen hervorbringt. Es können Pendelschläge, Vibrationen sein, oder – wie Iliya Prigogine gezeigt hat – eine chemische Verbindung, die mit absoluter Regelmäßigkeit von einer Farbe zur anderen wechselt. Das Entscheidende ist die Regelmäßigkeit. Denn diese ermöglicht, den Abstand zwischen unregelmäßig eintreffenden Ereignissen zu schätzen. Uhren sind eine Art Maßband. Was mit diesem Maßband im Vergleich zu anderen Maßbändern passiert, werden wir hier nicht erörtern. Sie dehnen sich aus und ziehen sich zusammen. Die Uhren ermöglichen es auf verschiedenen Präzisionsebenen, Abstände in der Zeit zu messen. Aber was die Zeit selbst ist, erklären sie nicht. Nichts ist definitiv *gleichzeitig* mit etwas anderem, und was sich aus der Perspektive des einen wie zwei gleichzeitige Ereignisse ausnimmt, muss aus der des anderen nicht gleichzeitig gewesen sein.

Wenn der brillante Philosoph Rüdiger Safranski versucht zu erklären, was wir eigentlich mit »Zeit« meinen (in dem Buch *Zeit* von 2015), tut er es mit einem sehr originellen Ansatz. Er geht von der Langeweile aus, dem Überdruss, also einem Gefühl von Zeit, die nichts enthält. Ihres Inhalts beraubt, bis zur Nacktheit enthüllt, sollte die Zeit ihr wahres Gesicht zeigen, uns erzählen, was sie eigentlich ist.

Elendes Warten darauf, dass der ärgerliche kleine Zeiger sich bewegt, dass der alte Ohlin unsere Schönschreibhefte einpackt und zur Tür hinaus verschwindet.

Was ist Zeit? Angenommen, es gäbe sie gar nicht.

Nicht alle Stunden in meiner Schulzeit waren so. Jacob Kullings glänzende Erläuterungen der Geschichte, Reinhold Strömbergs brillante Erklärungen der griechischen Grammatik waren überhaupt nicht so.

Aber was sich mir in den Jahren zwischen 1947 und 1955 am

tiefsten eingeprägt hat, ist wohl doch die unendliche Zähigkeit der leeren Zeit.

Kann die Zeit ohne Inhalt existieren? Bei Newton schon – da gibt es ein Zeitaquarium, das der Schöpfergott überblickt. Bei Leibniz sind es die Gegenstände, die Träger der Zeit sind. Sie haben eine innere Zeit, und die bestimmt ihren Platz in der größeren Zeit. Bei Einstein ist alles wieder unklar.

Kann es eine leere Zeit des Bewusstseins geben?

Oder ist das Bewusstsein elastisch, so dass es sich immer mit Inhalt füllt? Der Gefangene in einem mittelalterlichen Turm, der mit unendlicher Geduld einer Fliege beibringt, auf sein Pfeifen zu ihm zu kommen, und der Börsenmakler, der das Geschehen in acht Großstädten auf drei Kontinenten gleichzeitig überblickt, haben beide zu einem bestimmten Zeitpunkt gleich viel Seeleninhalt. Ist es so?

Aber wie stimmt das mit dem kontemplativen Zustand überein? Können wir das eigene Bewusstsein entleeren?

Safranski führt für die ganz eigene Zeit eines Gegenstands einen Begriff ein, die *Eigenzeit*, also die Zeit, die ihm innewohnt, ganz gleich, wo er sich befindet.

Ich verstehe diese Idee nicht. Ich gehe davon aus, dass ein Ereignis – selbst Steine sind Ereignisse, wenn auch langsamere – einen Zeitpunkt nur in Bezug auf andere Ereignisse hat, Zeit ist das, was mit Uhren gemessen wird – und gibt es keine Beziehungen zu anderen Ereignissen, gibt es auch keine Zeit. Wenn das Ereignis zufällig außerhalb aller Lichtkegel stattfindet (ein Lichtkegel ist eine sich kegelförmig ausbreitende Spur, die jedes kosmische Ereignis hinterlässt), die die Möglichkeit zu einem Vergleich bieten könnten, ja, dann haben das Ereignis, der Stein, die Katastrophe, keine Zeit.

Sie befinden sich, wie die Physiker sagen, nowhere, und die

sonst anwendbare Lorentztransformation kann nicht angewendet werden, um die Absender- oder Empfängerzeit zu bestimmen. Nowhere ist ein faszinierender Zustand.

Warum ist das so verwirrend?

War es das Innerste der Zeit, was wir in dem ungelüfteten Klassenzimmer als fast materiell verdichtete Langeweile empfanden? Will man Safranski Glauben schenken, der diese Idee von Schopenhauer übernommen hat, pendelt die gesamte menschliche Existenz zwischen zwei Polen: Leiden und Langeweile. Spleen, Langeweile, Ennui, löst Aktivitäten aus.

Meinen ersten kleinen experimentellen Roman schrieb ich während der unerträglichen Französisch- und Englischstunden bei dem kleinen, graumelierten und völlig unpersönlichen Magister Karlström. Das Englisch und das Französisch, das ich während der zwei Jahre möglicherweise bei ihm lernte, sind unerheblich. Während weniger Wintermonate lernten die Kameraden, die das Glück hatten, in der militärischen Dolmetscherschule zu landen, Russisch zu sprechen, zu lesen und zu schreiben. Das war ein Ort, an dem man offensichtlich Ergebnisse sehen wollte. Das Sprachstudium zu einer Art relativistisch scheinbar endlosem Gummiband auszudehnen, kann kaum eine empfehlenswerte Pädagogik sein.

Nicht selten hatte ich das Gefühl, es sei die fundamentale Aufgabe dieses Gymnasiums in meinem Leben, mich zu langweilen.

Vielleicht war das gut?

So entstand stattdessen ein kleiner Roman, und das war ja besser als nichts.

»So schneit auf mich die tote Zeit«, schreibt einer der expressionistischen deutschen Dichter. Winterzeit und Sommerzeit scheinen mir in einem anderen Sinn verschieden zu sein, als dass man bloß die Uhren umstellen muss. Tatsächlich *vergeht* die Zeit im Sommer und im Winter verschieden.

In dem anderen, dem südlichen Europa, in Italien, Spanien, Südfrankreich, zeichnet sich das Dasein auch in kleineren Orten dadurch aus, dass einer, der aus seiner Haustür tritt, gute Aussichten hat, Menschen zu treffen. Die Orte sind bevölkert.

So ist es in einem kleineren Ort, den ich gut kenne, Norberg in Västmanlands Bergbaugebiet, im Sommer. Im Winter sieht man nur sehr wenige Menschen draußen, vor allem sehr wenige Fußgänger.

In einer Nummer von Granta erzählt ein englischer Reisender von einer Silvesternacht in Bodö oder Tromsö, also einem Ort im nördlichsten Norwegen. Neuschnee ist gefallen, die Temperatur weit unter null. In den letzten Minuten vor zwölf sind alle Straßen noch menschenleer. Aber als die Kirchenglocken anfangen zu läuten, öffnen sich plötzlich alle Türen, die Einheimischen rennen hinaus, und jeder feuert seinen Feuerwerkskörper in den Nordlichterhimmel. Woraufhin alle Türen genauso schnell wieder geschlossen werden.

So war das Västerås meiner Kindheit und Jugend. Man stand da und fror in der Erwartung, dass die Kinos aufmachten. Man radelte schnell auf dem leicht summenden Nullgradboden. Es galt, von einem Haus zum anderen zu gelangen. Der Straßenraum war nur eine Transportstrecke und nichts anderes.

Aber Ende Mai begann das Straßenleben.

Die Winterzeit hat etwas mit ihrem Urahn gemein, der kosmischen Zeit.

Sie hat keinen Anfang und kein Ende.

Lars

Töne, zu euch will es fliehen

Die folgende Geschichte ist eigentlich ziemlich kompliziert. Sie handelt davon, wie ein vollständig unmusikalisches Kind zum Amateurmusiker und überzeugten Musikhörer wird.
—Woher weißt du, dass es *d*-Moll ist?, fragt meine sehr musikalische Frau beim Frühstück, nachdem ich eine Modulation in einem Streichquartett von Franz Berwald kommentiert habe, das im Radio lief.
—Ich spüre es in den Fingern. D ist die ganze linke Hand plus die drei ersten Finger der rechten Hand.
—Wie denn das?

Musikalische Menschen erkennen ein D. Sie haben ein mehr oder weniger akustisches Gedächtnis. Ungefähr so, wie man eine Farbe wiedererkennt, zum Beispiel die von reifen Apfelsinen. So ist es bei mir nicht. Meine Erinnerungen an Töne sind motorische Erinnerungen daran, wie es sich anfühlte, wenn ich sie spielte, zuerst auf der Blockflöte und in späteren Jahren auf der Querflöte. Sich an eine Melodie zu erinnern, zum Beispiel an das dritte Thema in Rossinis Ouvertüre zu *Die seidene Leiter* oder das Larghetto in Mahlers Dritter, gibt eine Vorstellung davon, wie es sich anfühlen würde, sie zu spielen.

Seltsam, nicht wahr?

Einmal hatte ich die Gelegenheit, Alfred Brendels Schmiedehand in der meinen zu halten. Einmal – nach einer bejubelten Aufführung von Rachmaninows drittem Klavierkonzert mit den Göteborgern und Neeme Järvi – hatte ich den erlesenen Genuss, Hélène

Grimauds kleine rechte Hand zu küssen, noch wunderbar lebendig von allem, was sie soeben durchgemacht hatte. Wenn man für einen Augenblick in die Gehirne dieser großen Solisten blicken könnte, würde man dann ähnliche oder total unähnliche motorische Erinnerungen finden?

Aber ich muss mit dem Anfang beginnen.

Ivar Andrén hieß ein pensionierter Seminarleiter mit großen administrativen Fähigkeiten. Werner Wolf Glaser hieß ein anderer Mann, der seine musikalische Ausbildung in Köln und später in Berlin absolviert hatte, als Dirigent und Kompositionsschüler von Hindemith. Er schrieb neun Sinfonien, außerdem Kammermusik und musikdramatische Werke. In einer anderen Welt hätte er zu den Großen der Epoche gehört. Aber als Jude flüchtete er 1934, kam zuerst nach Dänemark und 1943 nach Schweden, wo er sich in Västerås niederließ, so gut es eben ging. Er wohnte oben in der Floragatan – in derselben Straße wie Emma, die Stiefmutter meiner Mutter – und schließlich im »Kulturreservat« Kyrkbacken. Fühlte er sich wie ein Splitter von dem, was er hätte werden können, wenn er in einem anders gearteten Deutschland hätte leben und wirken können? Vielleicht. Aber was er in Västerås erreichte, war tatsächlich etwas sehr Großes.

»Ein unmusikalischeres Kind gibt es nicht«, behauptete ein sehr kritischer Verwandter, nachdem man mich gedrängt hatte, bei einer dieser peinlichen Aufführungen, die Papa Einar – genauso unmusikalisch wie ich – vor mäßig interessierten Verwandten zu veranstalten pflegte, bei Feiertagstreffen und ähnlichen Gelegenheiten, die B-Klarinette zu spielen.

Irgendwann am Anfang der Volksschule bekam ich meine Blockflöte und mein Blockflötenbuch, ein dünnes, aber inhaltsreiches Heft, geschrieben und redigiert von Maestro Glaser *himself*, mit einigen dänischen Schreibweisen der schwedischen Wörter. Dieser lebhafte Berliner, der ständig seine Goldrandbrille putzte, gründete 1944 zusammen mit Ivar Andrén und Gunnar Axén die Musikschule von Västerås.

Ahnten diese Gentlemen, wie vieler Menschen Leben sie veränderten, darunter meins? Ganz zu schweigen von Pugh Rogefeldt und all den anderen Unterhaltungsmusikern – inklusive ABBA –, die bald in die Welt hinausströmten und eine neue, erfolgreiche Exportindustrie gründeten, und all das basierte auf dieser genialen Erfindung: *der kommunalen Musikschule*. Eine Kulturrevolution, die sich bald von Ort zu Ort fortpflanzte.

Die Gründer dieser Kulturrevolution wurden nicht reich. Rektor Ivar Andrén starb in den sechziger Jahren, vermutlich zufrieden mit einem erfolgreichen Leben. Seine Enkelin, Frau Lena Andrén Niemi, hat sich im Hof Kvarnvreten in Västervåla niedergelassen, wo sie eine wunderbare Honigproduktion betrieb und außerdem Führungen durch das erschreckend verlassene, riesige Brandrodungsgebiet veranstaltete (ein etwa dreitausend Fußballplätze großes Monument der Gier und Rücksichtslosigkeit eines Forstwirtschaftsunternehmens), Hällabrännen genannt. Zu bestimmten Jahreszeiten verkaufte sie auch Eier.

Aber ich schweife ab!

(Zufällig habe ich ein bisschen in Laurence Sternes unsterblichem *Tristram Shandy* geblättert und bekam Lust, auszuprobieren, wie man eine zerstreute Prosa in romantischer Manier schreibt.)

Werner Wolf Glaser unterrichtete besonders begabte Schüler weiterhin bis zu seinem Tod und spielte, glaube ich, eine sehr wichtige Rolle für den großen Lyriker Tomas Tranströmer, als Ratgeber und Freund. Unvergesslich bleiben die Abende zu Hause bei Werner Wolf und seiner Frau Renée, an denen Dichter, darunter der Verfasser dieser Zeilen, unveröffentlichte Gedichte lasen, Herrn

Glasers begabte Schüler Musik machten und nicht selten eine Originalkomposition des Gastgebers spielten.

Zurück zu den vierziger Jahren.

Ich wurde von Magister Skoglund unter den Anwärtern der Musikschule notiert, Papa Einar brachte die zehn Kronen, die die Herrlichkeit kostete, und wurde mit Werner Wolfs Blockflötenbuch und der Blockflöte ausgestattet. Auf den ersten Blick war sie nicht unähnlich den Weidenpfeifen, die Papa Einar im Frühling für mich zu schnitzen pflegte. Bei meinem spontanen Anblasen brachte das Instrument einen ähnlichen Laut hervor.

Wenn man erst gelernt hat, nicht zu stark zu blasen und die Finger auf die richtigen Stellen zu legen, wird man feststellen, dass die Blockflöte ein wunderbar leichtes, bewegliches Instrument ist. Sie hat dieselbe Materialität, die die gesamte Flötenfamilie auszeichnet. Das Medium ist ja Luft.

Die Blockflöte für zukünftige Bläser, die handliche kleine Mandoline für zukünftige Streicher – das war die übliche Aufteilung unter den Schülern der Musikschule.

Die Blasinstrumente bilden ja drei Familien. Die Flöten, mit ihrer uralten Magie – welches Kind hat nicht probiert, in den Hals einer leeren Flasche zu blasen und die *Embouchure* zu entdecken, das heißt die Mundstellung, von der die Tonqualität abhängt? Von der furchtbar schwer zu spielenden Clarintrompete, sie hat ja keine Ventile – wohlbekannt aus dem *Weihnachtsoratorium* –, bis zur phantasieanregenden Wagnertuba basieren sie alle auf demselben Grundprinzip, den vibrierenden menschlichen Lippen.

Und dann gibt es da den mächtigen Clan der Schalmeien. Vibrierende Blätter, schwer zu beherrschen. Wer einmal auf einem der Plätze in der Berliner Philharmonie gesessen hat, von denen aus man direkt auf die Holzbläser schauen kann – wo die Oboisten, die Musiker mit dem *Corno inglese,* dem Fagott, ganz zu schweigen von den fabelhaften Kontrafagotten, der Bassklarinette (nicht unähnlich einem riesigen altmodischen Wandtelefon) und dem Bassetthorn, das fast ausschließlich in Mozarts Opern vorkommt, abwartend auf ihren Plätzen sitzen und Takte zählen –, wird bemerkt haben, dass sie die ganze Zeit beschäftigt sind. Auch wenn sie keinen Einsatz haben. In diskreten Wassergläsern warten die Rohre, also die aus verschiedenen Schilfarten geschnittenen Rohrblätter, die man gebraucht. Oft sieht man die Musiker ihre Rohre wechseln, je nach der Klangfarbe dessen, was gespielt werden soll.

Zu den Orchesterinstrumenten kommen all diese Mittelalter- und Renaissanceinstrumente mit Doppelblatt, noch schwieriger vorzubereiten und einzurichten: das Krummhorn, das Rankett, die Dulciane. Auf einem Holzblasinstrument zu spielen ist kurz gesagt auch ein Handwerk.

Ich weiß nicht mehr, wer mir vorschlug, mit der Klarinette anzufangen. Ich spielte, so gut ich konnte, heroisch ermuntert von einem der tapferen, aber auch geduldigen Militärmusiker aus der Fliegergruppe F1. Sie waren sehr wichtig für die damalige Musikalische Gesellschaft von Västerås und ihr hervorragendes Sinfonieorchester, und unterrichteten für die mageren Extraeinkünfte bereitwillig auch Musikschüler. Ich betrieb das Ganze so lange, bis ich im Schulorchester sitzen durfte, wenn auch nur auf dem dritten Klarinettenstuhl. Oder war es der vierte? Brauchte der grundanständige Musikdirektor, Uno Eng, wirklich eine so starke Klarinettenabteilung, oder war er einfach nur nett? Als ich ins Schulorchester des Rudbeckianischen Gymnasiums aufgenommen wurde, war das ein großer Schritt. Dort hatte ich zusammen mit dem späteren Tanzmusiker Bega Andersson einen wenig bemerkenswerten Auftritt als dritter Klarinettist, und wir bekamen Zugang zu Gymnasiumskameraden wie Folke Schiött, der in der zweiten Klasse des Realschulzweigs die Solostimme in Haydns Trompetenkonzert schaffte, oder Crista Nielander, die eines von Haydns besten Klavierkonzerten mit Bravour bewältigte.

Die B-Klarinette wurde für mich kein richtiger Freund – ich konnte sie nie entspannt handhaben. Das sanfte, warme Chalumeau-Register – denkt an die Einleitung zu Tschaikowskys Vierter, dann wisst ihr, was ich meine – mochte ich sehr gern. Aber das hohe Register wollte immer nur nasal und hart klingen. Es gibt nichts, das besagt, es muss so werden, aber so wurde es. Bei mir.

Zum vierzigsten Geburtstag bekam ich dann meine Querflöte. Das ist eine andere Geschichte, aber mit der habe ich gelebt und mich wohlgefühlt.

Parallel zu diesen frühen Versuchen, in die Musik einzudringen, kam das Grammophon. Mein erstes Grammophon war ein Kurbelgrammophon mit einem Stahlstift, der die Platten ziemlich bald bis zur Unspielbarkeit abnutzte. Es war von der gleichen Art wie die, die Großmutter Tekla und Tante Dika benutzten, um Lapp-Lisa und Einar Ekberg zu hören, ihre Idole in dem Bereich, den man *geistliche Gesänge* nannte. Auf meinem spielte ich Wagner und fand eine Heimat.

Nach und nach kamen alle möglichen Finessen auf, etwa die Kaktusnadel, die eine unglaubliche Fähigkeit hatte, bei jedem Fortissimo in Mahlers und Bruckners Sinfonien auf hysterische Art zusammenzubrechen. Und mit der Zeit dann das teure Saphirmikrofon, das sich nicht alle leisten konnten. Was für eine schreckliche Zeit mehr oder weniger misslungener Grammophonerfindungen waren nicht die 1950er Jahre?

Aber die Türen hatten sich geöffnet. Eine gewaltige, vielleicht unendliche Welt voller Freiheit und dämonischer Kraft hatte sich für mich aufgetan. Alles lag da und wartete nur darauf, hervorgeholt zu werden: Orlando di Lasso und Gesualdo, Bachs Oratorien, Beethovens letzte Quartette, Mozarts unendlich inhaltsreiche Musik.

Und so begriff ich damals, im Alter von sechzehn Jahren, dass Schopenhauer recht hatte – in einem Text, den ich in Alf Ahlbergs feiner kleiner Einführung zu dem Philosophen gelesen hatte. In einer leeren und qualvollen Welt mit Schneeflocken auf der Brille, wenn ich in der letzten Minute mit dem Fahrrad unterwegs zu sinnlosen Morgenandachten war, in nach Schweiß riechenden Turnhallen mit unangenehmen Handballspielern, die versuchten, einem mit harten Würfen die Augen auszuschlagen, angesichts der unerträglichen Fähigkeit des Französischlehrers, französische Lyrik zu zerstören, zwischen schwer zu küssenden Mädchen mit allzu viel klebrigem Lippenstift und Mascara, kurz gesagt, in dem partiellen Inferno, das meine Schulzeit war, gab es eine Freiheitszone.

Das Wichtige war nicht, musikalisch zu sein. Das Wichtige war, dass die Musik etwas von mir wusste, was ich nicht von der Musik wusste.

Lars

Tanten und Onkel

Tante Elsa, Tante Greta oder Tante Rut und all ihr anderen Tanten der Kindheit, vielleicht ist es gut, dass ihr nicht mehr da seid, ihr würdet euch heute in der Welt nicht mehr zurechtfinden. Ihr habt keine Jeans getragen – ganz unvorstellbar –, und ihr habt nicht geraucht, nicht gejoggt, keine Schlankheitskur gemacht, seid nicht zum Fitness gegangen. Nein, ihr habt Hut und Handtasche getragen, Kleider, Röcke oder Kostüme, stabile Schuhe und dicke Strümpfe. Jedenfalls im Alltag. Für Feste habt ihr euch natürlich feingemacht. Ihr wusstet, was sich schickte!

Wenn wir uns trafen, verneigte ich mich oder knickste wenigstens, und ich duzte euch nicht. Tante Greta, oder war es Tante Rut, redete ich zwar mit dem Vornamen an, aber wenn ich von euch sprach, sagte ich Tante Levedal oder Tante Södergren. So machte man das, bevor das Du, als Teil einer Demokratiereform gedacht, sich Ende der 1960er Jahre durchsetzte.

Eine Tante, die ich wirklich bedingungslos liebte, war meine Patentante, Rut Södergren. Sie hatte als Röntgenassistentin gearbeitet und einen gesundheitlichen Schaden davongetragen, so dass sie keine eigenen Kinder bekommen konnte. Kinderlieb, wie sie war, durfte sie mich also ein bisschen ausborgen. Sie wohnte mit ihrem Mann in einem kleinen Haus mit Garten, in dem es ein Vogelbad gab. Tante Rut war warmherzig, unverstellt und uneitel, hatte gütige Augen und ein freundlich glucksendes Lachen, und zu mir war sie immer besonders nett. Ich brachte ihr oft Zeichnungen und kleine Figuren aus Knete mit, und sie war stets voller Bewunderung.

Hin und wieder wurden ich, meine Eltern und mein kleiner

Bruder bei den Södergrens zum Kaffeetrinken eingeladen, ich weiß nicht mehr, ob wir auch zum Abendessen blieben. Die Eheleute waren religiös – sie gehörten zur Heilsarmee – und Abstinenzler. In ihrem Zuhause war es immer sehr warm, und Mama sagte, Tante Ruts Kaffee sei viel zu schwach. Sie muss tagelang gebacken haben, so viel Gebäck, wie sie auftischte. In den Regalen standen glänzende, sorgfältig geputzte Kupferkessel, und am Fenster gediehen Topfpflanzen. In der Küche herrschte vorbildliche Ordnung, und verschiedene religiöse Merksprüche zierten die Wände. Mein Bruder und ich fanden diese Einladungen eigentlich ziemlich langweilig – man musste sich ja benehmen –, und Onkel Gösta fragte mich immer nur, wie es in der Schule war. Sein übliches Gesprächsthema war die Bank, in der er angestellt war, und das interessierte mich nicht besonders.

Agneta, Christian und Vater mit Tanten und Onkeln 1948

Zu meinem Geburtstag kam Tante Rut immer in Tracht, um mir zu gratulieren. Da die phantastische rothaarige Schwiegermutter meiner Schwester mit ihrem lauten heiseren Lachen ebenfalls aufzutauchen pflegte, war ich entsprechend nervös. Sie hatte einen extravaganten Kleidergeschmack, trug Lippenstift, große Schmuckstücke und duftete nach einem schweren Parfum. Ich hoffte immer, dass Tante Rut das Haus schon verlassen hätte, wenn Tante Ansa kam. Hier drohte ein richtiger Zusammenstoß der Kulturen. Verglichen mit Tante Rut war Tante Ansa eine Dame von Welt, wenn nicht gar die Sünde persönlich. Sie rauchte Zigaretten mit einer langen grünen Spitze und trank sehr gern ein Gläschen. Aber irgendwie gingen die Begegnungen zwischen den beiden immer gut, sie kamen Jahr für Jahr wieder.

In meiner Kindheit gab es wenige Tanten, die außer Haus arbeiteten. Sie waren Hausfrauen, und das Wort Tante verband sich wohl auch mit einem nichterotischen Zustand. Aber die Tanten meiner Kindheit waren alle starke Persönlichkeiten und sorgten auf der Straße der Kindheit für eine Art guter Ordnung, auch in moralischer Hinsicht. Ich erinnere mich noch, wie furchtbar verlegen ich wurde, als Tante Werner aus der Villa gegenüber, die gemerkt hatte, dass wir heimlich über sie lachten, weil sie mit ihrer Hündin sprach, die Chérie hieß, aber Sherrylein genannt wurde, zu meiner Freundin Maggan und mir sagte: »Jetzt wollen wir sehen, Sherrylein, was es Neues von den Mädchen gibt« – wir hätten mehr Verständnis haben sollen, weil sie nach dem Auszug ihrer Töchter so allein war. Und die barsche Tante Elsa, vor der wir alle Angst hatten, schimpfte ein paar Jugendliche gehörig aus, weil sie Bosse Werner gehänselt hatten, der zu Hause wohnte und schwer behindert war. Das würden sie nicht noch einmal wagen.

Tante Greta tröstete mich, wenn die Jungen mich Rotkäppchen nannten oder »Es brennt« riefen, weil ich rothaarig war. Sie erzählte mir, es gebe einen berühmten französischen Künstler, der nur rothaarige Freuen malte. Immerhin ein Trost!

Wenn die Onkel zur Arbeit fuhren, übernahmen die Tanten das Regiment. Es war immer jemand zu Hause. Wenn man hingefallen war und sich verletzt hatte, bekam man sofort Hilfe, aber ich fragte mich schon damals, was die Tanten zu Hause eigentlich die ganze Zeit machten, jede eingeschlossen in ihre Burg, und es wurde mir ziemlich früh klar, dass das nicht mein Weg war.

Und all die Onkel? Sie fuhren morgens mit dem Auto oder der Tram zur Arbeit, so dass die Tage den Tanten und den Kindern gehörten, bis die Onkel zum Abendessen nach Hause kamen. Im Thaliavägen gab es zwar einige Pensionäre, aber die zeigten sich nicht besonders häufig. Doch, Onkel Ragnar ging dann und wann mit seiner abgewetzten Aktentasche hinunter zum Tabakladen. Da gab es diverse Zeitschriften, die Maggan, seine Tochter, und ich später in seinem Schrank fanden, sie hießen Top Hat, Cocktail, Pinup und so ähnlich. Im Übrigen bewachte er seine Stachelbeeren und Pflaumen. Sich zu Onkel Ragnars Beerenbüschen zu schleichen, verlieh dem Dasein eine kribblige Spannung, denn er tauchte gern unverhofft auf und schrie: »Dir werd ich's zeigen, du Balg!«

Bei uns zu Hause wurden oft Gäste zum Essen eingeladen, und bei der Gelegenheit waren auch die Onkel dabei. Sie rochen nach Zigarren und tätschelten einem den Kopf, fragten, wie es in der Schule gehe und waren insgesamt sehr freundlich. Unter den Onkeln gab es mehrere Seemannspfarrer, die vom Auslandsdienst zurückgekehrt waren. Sie hatten ein gewisses Etwas, waren von einer Art Frische, die uns Kindern auffiel.

Wenn man stillsaß, vielleicht ein bisschen versteckt, konnte man ihren Erzählungen lauschen, die nicht immer für Kinderohren bestimmt waren.

Bei anderen Gelegenheiten durften mein kleiner Bruder und ich die Eltern zu auswärtigen Festessen begleiten, bei denen die Onkel und Tanten (nicht meine Mutter) Karten spielten, Zigarren oder eine Zigarette rauchten und nach dem Essen an kleinen Tischen Grog tranken. Wir Kinder fanden immer etwas zu tun, aber wir beobachteten auch die Erwachsenen. Onkel Adolf zum Beispiel war dick, hatte Goldplomben und wurstartige Finger, und sein großer Bauch hüpfte, wenn er lachte.

Und dann natürlich Onkel Aage. Er war mein richtiger Onkel, Papas älterer Bruder, der sich infolge des Ersten Weltkriegs entschlossen hatte, sich in Finnland niederzulassen. Die Familie hatte seit der zweiten Hälfte des neunzehnten Jahrhunderts in Kurland, dem heutigen Lettland, gelebt. Onkel Aage war das Idol meiner Kindheit. Er war Direktor der Finnischen Dampfschifffahrtsgesellschaft, die später zur Silja Line wurde, und kam hin und wieder mit dem Finnlandschiff Aalotar von Helsinki herüber, und wenn er kam, gab es ein Fest. In seiner Jugend hatte er sich mit dem Säbel duelliert, und in seiner Wohnung in Helsinki befand sich ein Kugelloch, weil er wegen des Winterkriegs probehalber seine Pistole abgefeuert hatte. Aber er war überhaupt nicht kriegerisch, sondern einfach nett und lustig, und auf Papa hatte er einen kultivierenden Einfluss. Papa war fromm wie ein Lamm und meine Mutter froh und munter, wenn er bei uns zu Besuch war. Man streitet sich nicht mit dem großen Bruder. Er küsste Mama galant die Hand, interessierte sich ernsthaft für seine Nichten und Neffen und beruhigte uns alle mit seinem *jo* oder *no* in einem finnlandschwedischen Singsang. Einmal, als wir draußen im Sannäsfjord segelten, die Brüder,

Onkel Aage und ich, frischte es zu einem halben Sturm auf, und unsere Takelage riss. Der Baum knallte direkt auf Onkel Aages Kopf, der ohne ein Wort der Klage heroisch das Blut mit seinem Taschentuch abwischte. Für mich war er der letzte Gentleman. Er starb im Alter von vierundneunzig Jahren, bis zuletzt umschwärmt von »entzückenden Damen« in den Achtzigern.

Meine Kindheit in Schweden fand vor dem Auftauchen von Jeans und Freizeitkleidung statt. Papa hatte zwei abgelegte dunkle Anzüge (mit Weste), die er als Gartenanzüge verwendete. Gewöhnlich hatte er auch bei der Gartenarbeit einen Hut auf. Intuitiv ahnte ich früh, dass es einem Menschen ein größeres Gewicht verlieh, wenn er Anzug und Krawatte trug, als wenn eine Person ein Kleid trug. In meiner Kindheit hatten die Onkel das Sagen, aber es waren die Tanten, die das Leben erträglich machten.

Agneta

Das Zimmer, der Schrank, das Laboratorium

Wenn ich in einem Erinnerungsbuch über Tomas Tranströmer lese, dass er die Gewohnheit hatte, sein gesamtes literarisches Archiv – Arbeitsbücher, Verlagsverträge, Übersetzungsexemplare aus rund fünfzig Sprachen – in einer schmalen Speisekammer zu verwahren, die man noch immer in der Stigbergsstraße besichtigen kann, erkenne ich mich selbst wieder. Die Jungen meiner Generation aus schlechter gestellten Familien hatten gewöhnlich einen Platz für ihre Sachen in einem Küchenschrank. Ich glaube, diese Art, eine Fußbreite in der Wirklichkeit zu besetzen, hatte viel mit den Müttern zu tun. Die Küchen waren ja ihr Revier. Mein bescheidener Freund Tomas scheint diese Gewohnheit sein ganzes Leben lang beibehalten zu haben. Ich erinnere mich, dass einer unserer besten Philosophen, der Göteborger Professor Mats Furberg, etwas Ähnliches von der Einzimmerwohnung erzählte, in der er mit seiner Mutter und dem Vater, einem Straßenbahnschaffner, aufwuchs.

In meinen ersten Jahren wohnten wir wie gesagt in einer Einzimmerwohnung, aber als ich sieben war – also 1943 –, zogen wir in eine Zweizimmerwohnung im Osten, in die Bomansgatan. Dort gab es perfekte Kletterkiefern – die typischen Kiefern des Mälartals mit den niedrig ansetzenden Ästen – und einen Bach, an dem man spielen konnte. Bis schwere Lastwagen alles unter den Steinblöcken begruben, auf denen die neue Autobahn entstehen sollte. Mit steigender Nachkriegskonjunktur und einem größeren Markt für die Haushaltsgeräte und Staubsauger von Elektrolux bezogen wir 1952 eine Dreizimmerwohnung in einem Neubaugebiet in der Agnegatan.

Von der Bomansgatan an war ich Naturforscher. Mein Laboratorium befand sich in einem der unteren Küchenschränke. Hinter den Schiebetüren bewahrte ich das Mikroskop auf und alles, was dazugehörte, einschließlich dem wohlduftenden Kanadabalsam, den man als Klebstoff benutzte, um das Deckglas auf dem Objektträger zu befestigen.

Und hier gab es noch viel mehr: die Petroleumlampe, ein paar Retorten, Salzsäure und Schwefelsäure, Lackmuspapier und Tiegel.

Ich besaß Quecksilber für Barometerexperimente sowie Salzsäure und Schwefelsäure in dicht verschlossenen Flaschen für chemische Analysen. Wäre meine Mutter dahintergekommen, was sich dort befand, hätte sie hysterisch reagiert.

Es gab eigentlich zwei Mikroskope, beide monokular. Das eine, von meinem gesparten Taschengeld in einem Optikerladen erstanden, vergrößerte nur um das Fünfzigfache, das andere, ein altes Kunstwerk aus Messing, war ein Geschenk von Magister Skoglund. Die Revolverfassung konnte drei Objektive aufnehmen, wovon das schärfste es bis zu einer hundertfünfzigfachen linearen Vergrößerung brachte. Erinnere ich mich richtig?

Das Mikroskop eröffnete mir den Zugang zur Philosophie. Dieses faszinierende Phänomen, die Farben eines Objekts mit zunehmender Vergrößerung verschwinden zu sehen, regte meine Phantasie an.

Konnte es sich mit der *Zeit* genauso verhalten wie mit den *Farben*? Dass sich bei ausreichender Auflösung alle Ereignisse als eine Art diminutive pulsierende Systeme erweisen würden, ohne Richtung? Eine Richtung bekam die Zeit, wenn genügend Mikroereignisse eine statistische Tendenz entwickeln konnten. Genauso wie eine Farbe entstand, wenn eine ausreichende Menge von Körnchen der einen oder anderen Art das Licht auf die gleiche Weise absorbierte oder reflektierte. Die Gesetze der großen Zahlen verliehen der Zeit eine Richtung und den Gegenständen ihre Farbe. Konnte es so sein?

Ich hatte niemand, mit dem ich über solche Dinge reden konnte. Doch war ich nicht ganz allein.

Hasse Johanson im Haus 24 und ich sprachen viel über optische Phänomene. Wir bastelten auch, wenn ich mich recht erinnere, ein Teleskop, ein Fernrohr mit einem Objektiv aus Papas altem kaputten Tischvergrößerungsglas und einem Fadenzähler als Okular. Ich würde gern wissen, was aus Hasse geworden ist. Ich meine mich zu erinnern, dass er einen hochqualifizierten Beruf ergriff und Luftwaffen-Techniker wurde.

Mit der Zeit nahm die Beschäftigung mit dem Mikroskop, den aufgespießten Schmetterlingen, den chemischen Experimenten mit Retorten und Destillierkolben ab. Mein Vater freute sich, als es mir gelang, einen oder zwei Liter seines ausgezeichneten Apfelweins in einen Zentiliter höchst illegalen Apfelschnapses zu verwandeln. Allerdings zum Preis eines dunkelbraunen Flecks an der Decke, der sich nicht mehr entfernen ließ. Ich hatte den Bedarf an Abkühlung unterschätzt.

Kriminell? Natürlich! Überhaupt nicht, räsonierte mein stets wohlwollender Papa – sollten Jungs sich nicht mit der Chemie vertraut machen dürfen?

Ich frage mich, wie sehr heranwachsende Menschen von den Wohnungen geformt werden, in denen sie und ihre Eltern leben. Vermutlich tiefgreifend. Was sie dort erleben, zieht bestimmte Grenzen in ihrem Leben.

Natürlich hatte ich nie das Gefühl, mit meiner Familie in »beengten« Verhältnissen zu leben. Schon gar nicht in der Frankegatan. Ich war ja erst sechs, als wir von dort wegzogen. Da gab es das »Zimmer« mit zwei Sesseln im eleganten Stil der dreißiger Jahre. Ich wünschte, ich hätte sie behalten, aber das habe ich leider nicht. Und dazwischen Papas runder Schachtisch. Dann gab es die »Halle« mit ihren Möbeln im Dalarnastil. Ich schlief in einer Küchenbank, deren Deckel jeden Abend abgehoben wurde. Wenn meine Mutter allein sein wollte, sperrte sie sich im Badezimmer ein und weigerte sich ein paar Stunden lang herauszukommen. Das war, wie das meiste, was damals geschah, für mich ganz natürlich.

In den fünfziger Jahren erlahmte mein Interesse an den Naturwissenschaften. Mein Vater hatte per Tausch eine alte Schreibmaschine erworben, bei einem jener recht undurchsichtigen Tauschgeschäfte, in die er ständig verwickelt war.

Was für ein Genuss! Oh, wie wunderbar war es, Buchstaben hervorbringen zu können ohne das konstante Stechen der Stahlfeder im rechten Zeigefinger! (Zum Teufel mit allen Stahlfedern und toten Schönschreibstunden!) Als 1981 bei der Ankunft in der University of Texas der Computer in mein Leben trat, habe ich keinen technischen Fortschritt als eine so tiefe innere Befreiung erlebt.

Mein erstes Farbband bot mir nicht nur schwarze, sondern auch rote Buchstaben. Ich benutzte sie auf der Schreibmaschine fleißig für meine ersten Gedichte. Bis ich einsah, dass dies eine Form von Schummelei war. Eine gute Gedichtzeile sollte, das erkannte ich, ganz ohne spezielle Verstärkungsmechanismen auskommen.

Hier eines meiner ersten Gedichte ohne Rotverstärkung, aus dem Jahr 1950:

Aus dem klar tiefblauen Himmel
sah man einen weißen Vogel sinken
irgendwo ein Hüpfen -
denn irgendwo hoffte jemand

durch eine Landschaft mit hohen Bergen
gab es einmal einen Weg
an einem Strand wuchs ein Baum
und für dessen Laub gab es einen Wind
eine Welle berührte diesen Strand
und man hörte den Widerhall

Ja, irgendwo, irgendwann

Lars

Satzanalyse und Mathematik

Der Schritt von Magister Skoglunds freundlicher vierter Klasse – mit der unterhaltsamen Stunde, wenn der Bibliothekskasten offen stand, ein wunderbarer Kasten, aus dem man *Puh der Bär* und *Der Wind in den Weiden* ausleihen konnte – zu den Klassen 1a und 2a der allgemeinen höheren Schule von Västerås war insgesamt ein Schritt aus einer freundlichen, pädagogisch geschützten in eine kalte, feindliche und verständnislose Welt.

Ich hatte schon immer etwas gegen Mannschaftssport (außer Tennis-Doppel, sofern das ein solcher ist), und gegen die Handballstunden, in denen großgewachsene Schulkameraden ihr Bestes taten, einem mit steinharten Bällen die Brille zu zerschmettern, entwickelte ich den tiefsten Abscheu. Bei Magister Skoglund war sogar Brennball lustig. Er hat bei mir so freundliche Erinnerungen hinterlassen, dass ich immer noch zu Baseballspielen gehe, wenn ich das Privileg habe, für ein paar Wochen in die USA zu fahren. Was noch hin und wieder der Fall ist.

Von der friedlichen Volksschulklasse in die Anfängerklasse der höheren Schule war es ein unangenehmer Schritt. Einige Unterrichtskräfte waren Aushilfslehrer, andere – keine Aushilfslehrer – waren ganz offensichtlich verrückt. Zu ihnen gehörte Studienrat Bjurlöf, der das verschlossene Pult des Vertrauensschülers in Brand steckte, um ein Klassenbuch zu zerstören, das seine notorische Abwesenheit allzu deutlich belegte, und Studienrat Ålborg, der kleine Jungen, die sein Missfallen erregt hatten, mit seinen Lederhandschuhen ohrfeigte. Mädchen gab es dort keine – sie

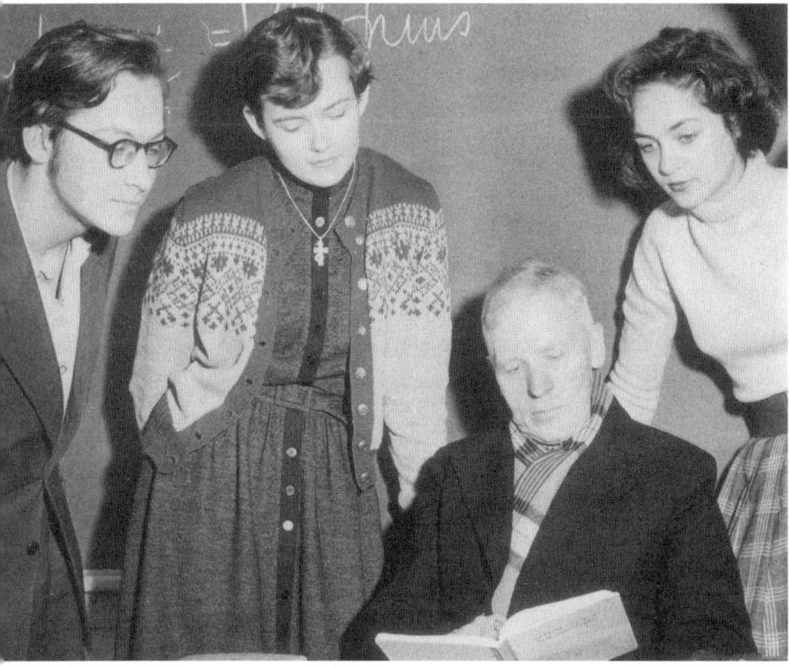

Lars mit Kameraden und Lehrer 1954

kamen erst in der Oberstufe dazu und schufen eine ganz neue Atmosphäre.

> *Opa Holm, ein altes Original.*
> In diesem Satz ist altes Original eine Apposition.
> *Opa Holm schlug seine Alte gelb und blau.*
> In diesem Satz ist die Alte das Akkusativobjekt.
> Aber gelb und blau sind *Prädikatsnomen*.
> Ich weiß nicht, warum, aber ich liebte diesen sonderbaren Sport, die *Satzanalyse*, vom ersten Augenblick an.

Die schwedische Literatur, die wir in diesen Klassen der Mittelschule lasen, war nicht nur eine, sie war drei Generationen älter als die zeitgenössische. Das Unglaubliche also war, dass die Literaturliebhaber unter unseren Eltern – dazu gehörte auch mein Vater, der Staubsaugervertreter – sich für Dagerman und Pär Lagerkvist zu interessieren begannen, und während die Poeten Ekelöf und Lindegren bereits etablierte Modernisten waren, für die man am Erscheinungstag vor den Buchläden Schlange stand, beschäftigten wir uns mit Runeberg und Tegnér.

Von Runeberg waren es *Die Erzählungen des Fähnrich Stål*, die junge Gemüter ernstlich zu fesseln vermochten. Es kommt ja nicht in jedem Jahrhundert vor, dass ein genialer Poet eine militärische Katastrophe, eine totale Niederlage, in einen moralischen Triumph verwandeln und zum Grundstein einer demokratischen Republik machen kann.

Aber was sollten wir mit Tegnér anfangen? Diesem fast durch und durch peinlichen Verfasser des sonderbaren Kitschwerks *Frithiofs Sage*, aufgeblasen, frauenverachtend, und in seinen Predigten ganz und gar antisemitisch. Ein peinlicher Klassiker mit trivialen Vorbildern.

Und dann die Art und Weise, wie man einen schweren gusseisernen Sargdeckel auf die Mathematik legte.

Die Algebra habe ich eigentlich schon immer geliebt. Dieser Vorgang, Mengen und Variablen aus Parenthesen herauszuholen und hineinzustecken, Minuszeichen über Kreuz zu multiplizieren und zu verdoppeln, spricht eine kleine Region in meinem Gehirn an, aus der Poesie entsteht.

Mein Ideal war eigentlich die abstrakte Algebra, eine edle Disziplin, in der nicht nur ermüdende Zahlen, sondern sogar die vier Rechenarten durch abstrakte Entitäten ersetzt werden:

Lass O eine Operation mit zwei Variablen sein:
O (a,b) ...

Im Nachhinein habe ich erkannt, dass die Mathematik, die uns in den ersten Klassen der Mittelstufe aufgetischt wurde, als Filter diente. Ihre Aufgabe bestand hauptsächlich darin, die Kinder der Unterschicht auszusortieren. Interessanterweise bestätigt eine Abhandlung der Universität von Umeå aus dem Jahr 2015 diese Hypothese. Kinder von Akademikern tendieren zu den technischen und naturwissenschaftlichen Ausbildungsfächern, vermutlich mit Hilfe ihrer Eltern, während Kinder aus nichtakademischem Milieu Friseur werden. (Damit will ich nichts Schlechtes über Friseure sagen, eine Welt ohne sie wäre selbstverständlich eine schlechtere Welt als mit ihnen, *ceteris paribus.)* Zu meiner Zeit wurden sie Berufssoldaten und waren bisweilen recht verbittert, wenn man sie in späteren Jahren bei Reservistenübungen wiedertraf.

Die Mathematik, die ich und meine vierunddreißig Klassenkameraden bei Magister Åhrström kennenlernten, war definitiv keine Mathematik für die Unterschicht. Und wie die deutsche Grammatik – als wäre sie eine Aneinanderreihung bizarrer Plappertiraden, ohne Etymologie, ohne strukturelle Perspektive – hatte sie eine Filterfunktion.

Die Zukunftschance eines Dreizehnjährigen, Berufsgefreiter oder Magister und Dozent in Uppsala zu werden, hing im Prinzip davon ab, wie leicht er lernen konnte, die Präpositionen herunterzuleiern, die in der deutschen Sprache den Dativ regieren, oder zu wissen, dass es heißt *Er wurde des Diebstahls angeklagt.*

Natürlich verwendete man nicht den selbstverständlichen Gleichungsbegriff. Das Schulbuch zog es vor, eine total veraltete Algebra zu lehren, basierend auf Gleichungen und Kreuzmultiplikationen von vier Größen: *regula de tri,* statt Gleichungen und Identitäten: *Wenn zwei Männer einen Kahn in achtzehn Minuten über einen See rudern können, wie lange brauchen doppelt so viele?*

Ich habe nie und werde nie irgendetwas mit einem Kredit finanzieren und werde auch nie von einem menschlichen Wesen verlangen, das zu tun. Diese endlosen Zinsberechnungen legten eine bleigraue Staubdecke über die Mathematik. Ein wirkliches Unterrichten habe ich nie erlebt. Es gab einen alten Mann, der am Katheder saß und von seiner erhöhten Position aus die verschwitzte und nicht selten verzweifelte Arbeit der Schüler überwachte.

Ich hätte nie gemerkt, dass Mathematik Spaß macht, hätte ich nicht in Uppsala einen ausgezeichneten Lehrer in Aussagenlogik und Boolescher Algebra bekommen. Diese Disziplinen fielen damals – im Geiste Bertrand Russells – in das Fach der theoretischen Philosophie.

Der bescheidene und sehr intelligente Dozent Erik Götlind hob endlich die zentnerschwere gusseiserne Platte ab, die jahrzehntelang über meiner Mathematik gelegen hatte.

Aussagenlogik, Klassenlogik, Relationslogik, Beweistheorie, all das kam und wurde begreiflich durch diese andere Tür. Ich entdeckte allmählich, dass das, womit die »richtige« Mathematik sich beschäftigte, ein so viel weiteres Gebiet war als das, womit die Philosophen der formalen Logik sich befassten. Ein Axiomsystem für deontische Logik und Ähnliches mögen ordentliche Arbeiten sein, aber nie werden sie so interessant sein wie die metaphysisch tiefen Rätsel der Topologie oder der Primzahlenverteilung.

Ich bedaure noch heute, dass man mir so früh den Zugang zu diesen geheimnisvollen und weitgestreckten Reichen verwehrte. Nicht ganz unähnlich denen, die die Lyrik, die ernsthafte Arbeit mit lyrischen Gedichten, eröffnet. Meine Geschichte zeigt eigentlich, wie das frühere und spätere schwedische Schulsystem keimende Interessen und Talente hemmt und einsperrt. Und wie der Zufall einen Ausweg für uns findet. Hin und wieder.

Also: Deutsch und Mathematik waren Filterfächer. Vielleicht habe ich erst jetzt erkannt, dass dies zu den Auswahlmechanismen gehörte, mit denen man erfolgreich eine Rekrutierung unterdrückte, die für jene gefährlich sein könnte, die bereits im Besitz der Privilegien sind. Der Preis, den man dafür mit dem Mangel an Ingenieuren und Programmierern bezahlt, ist natürlich beträchtlich.

Wie bin ich durchgekommen? Ich weiß es nicht mehr.

Ich bin durchgekommen.

Lars

Die Realschule

Noch immer, nach all den Jahren, wende ich mich ab, wenn ich an der höheren Schule von Bromma vorbeifahre, die heute Bromma-Gymnasium heißt. Als ich nach acht Jahren, endlich befreit, mit dem Abiturzeugnis auf dem Pritschenwagen nach Hause fuhr, jubelte ich vor Glück. Das Gefühl von Triumph und Erleichterung kann ich jederzeit heraufbeschwören. Aber in meinen Träumen kehre ich hin und wieder dorthin zurück. Nachtmahre habe ich selten, aber manchmal einen scheußlichen Traum. Ich träume, dass ich weder für Englisch noch für Mathematik gelernt habe und alles nachholen muss, ehe ich Abitur machen und das Gymnasium endgültig hinter mir lassen kann.

Als Zehnjährige von der Volksschule und ihren freundlichen, mütterlichen Lehrerinnen in die Realschule zu wechseln, mit den strengen und größtenteils männlichen Lehrern, war wie ein Sprung ins kalte Wasser, nachdem man in einem angenehmen kleinen See geschwommen ist.

Zwar waren die Lehrer hochgebildete Akademiker, aber mit wenigen Ausnahmen flößten sie uns Schrecken ein, manchmal machten sie sich auch lächerlich. Vermutlich waren sie in ihrer Universitätskarriere gescheitert und mussten sich damit begnügen, am Gymnasium zu unterrichten. Ihre Verbitterung ließen sie an den Schülern aus und wurden zu unseren Plagegeistern. Sie mochten keine Kinder, das war ihr größter Fehler.

Meine drei Geschwister hatten mir den Weg bereitet, aber für die Lehrer galten sie nicht als Vorbilder. Ich war gleichsam von Anfang an gebrandmarkt. »Ach, noch eine Ylander, aha.«

Die Schule, im Stil der Neuen Sachlichkeit gebaut, hatte der Architekt Paul Hedqvist entworfen, und sie wurde als allgemeine höhere Schule 1937 eingeweiht. In Anwesenheit von König Gustaf V., der gesagt haben soll, er hoffe, die Schule werde eine Jugend ausbilden, die es wert sei, Schweden zu repräsentieren. Nun ja. Bei einem so ambitionierten Ziel hätte man bei der Auswahl der Lehrer andere Kriterien anwenden müssen. Es gab die Realschule und das Gymnasium, und meist waren sie mit gut zwölfhundert Schülern ausgelastet.

Endlose Korridore, jede Menge Türen, die nachdrücklich mit einem lauten Knall zugeschlagen wurden, keine freundliche Ecke, in die man sich zurückziehen konnte, doch, vielleicht in die Bibliothek. Wenn man am Lehrerzimmer vorbei musste, ging man schneller, es wurde einem flau im Magen. Lehrer, die sich wie Verrückte im Korridor brüllend von hinten näherten, einen an den Haaren zogen oder so ohrfeigten – besonders Schüler mit unterprivilegierten Eltern –, dass die Wange danach feuerrot wurde. Man bekam einen Eintrag ins Klassenbuch, weil man zu laut gegrüßt oder »übelriechende Geräusche« gemacht

Agneta und ihre Schule 1957

hatte. Zu Beginn jeder Unterrichtsstunde stellte der Biologielehrer meiner Lieblingsfreundin Dudde eine Frage. Vor Schreck gelähmt, fand sie nie eine Antwort. Die Frau des Direktors, die uns in Sexualkunde unterrichten sollte – das geschah im Gymnasium und nicht in der Realschule –, bekam vor Verlegenheit rote Flecken auf den Wangen und begann mit schriller Stimme: »Ja, ja, ihr wisst ja schon, wie das zugeht!« Ich wusste absolut nichts. Sie war eine von denen, die sich lächerlich machten, wirklich schädlich war sie nicht.

Einer der schlimmsten und erschreckendsten Brüller unter den Lehrern – sein Spitzname war Schwarzer Satan – wohnte in einem gepflegten kleinen Holzhaus in der Nähe meiner Paten. Ihnen zufolge war er ein rücksichtsvoller und diskreter Nachbar mit Frau und Dackel. Das war für mich eines der größten Mysterien.

Es könnte eine lange Lehrerliste werden, völlig Verrückte, einige Nazis, gewöhnliche Sadisten, Neurotiker oder nur gelangweilt daherleiernde Zeitdiebe. Tatsächlich stahlen sie uns die Zeit. Unverständlich, dass man solch boshaften Lehrern, so herzlos und ohne jegliches Verständnis für uns, einen so starken Einfluss auf unser Leben einräumte. Wir waren jung und formbar, das Wissen hätte uns mit Freude vermittelt werden sollen.

Aber es gab Ausnahmen. Lehrer, die man liebte und die einem Lebensmut gaben. Den entzückenden, gebildeten und meistens freundlichen Magister Kulling. Er sprach die Schülerinnen mit Fräulein und dem Nachnamen an. Als er über das Triebleben von Hilding Markurell (in Hjalmar Bergmans *Skandal in Wadköping*) referierte, tat er das höchst dramatisch, mit weit ausholenden Gesten. Wir verstanden nichts, waren aber tief beeindruckt. Er führte uns zur großen Literatur. Danke, lieber Gott, für Jacob Kulling! Auch Lars Gustafsson hatte ein paar Jahre früher Jacob Kulling als Lehrer. Ich erinnere mich auch an den charmanten, dem Flirt nicht abgeneigten und angenehm leichtsinnigen Geographielehrer Lars Eckerbom mit den tiefen Grübchen, der uns kleine Sketche vorspielte und Geographie zum Lieblingsfach machte. Und an den Mathematiklehrer, dessen Sohn mein Klassenkamerad Ulf Liljedal war und der aussah wie ein englischer Gentleman, mager, mit einem kleinen Schnurrbart, oft in Golfhosen. Zu unserer großen Bewunderung und Überraschung sprang er mitunter plötzlich mit beiden Füßen auf das Katheder. Solange ich ihn in Mathematik hatte, war ich ziemlich fleißig.

Musiklehrer Ahlberg hauste an dem einzigen schönen Ort im Gebäude der Neuen Sachlichkeit, dem Musiksaal. Ein luftiger Raum, an einer Seite eine Glaswand und leicht verstaubte große Zimmerpflanzen. Dort konnte man sich aufhalten und genießen, beinahe wegdämmern, wenn er auf seine bescheidene Art mit einer etwas rauen Stimme Musikwerke erklärte, beispielsweise *Peter und der Wolf*, und uns für ein paar schöne Stunden in der Welt der Musik und der Phantasie leben ließ.

So viele Jahre später erinnert man sich mit großer Dankbarkeit an diese Lichtgestalten. Sie leben in unseren hellen Erinnerungen weiter.

Natürlich hatten in der Schule die Jungen die Macht. Von den dominierenden Klassenkameraden wurde ich nicht beachtet, aber ich fand es beschämend, wie einige Mädchen in unserer Klasse sich veränderten, sobald Jungen in der Nähe waren, wie illoyal und affektiert sie dann werden konnten. Mit meinem Vorbild Bill Brown war ich »trotzig« und »flegelhaft«, keine der Eigenschaften, die bei den Jungen beliebt waren. Daran hatte ich auch kein Interesse.

Zwei Jungen, Lennart als Anführer und Christer, waren meine

besonderen Quälgeister, sie schlossen mich aus und wetteiferten in höhnischen Kommentaren. Einmal kamen sie mir auf dem Heimweg von der Schule entgegen, sahen sich verschwörerisch an und grinsten. Da hatte ich eine Eingebung. Ich blieb stehen und wartete, bis sie nahe heran waren. Dann schaute ich sie unverwandt an und schüttelte bloß den Kopf. Sie waren irritiert und riefen wie üblich: »Sie glaubt wohl, sie wäre was Besonderes!« Aber weiter kamen sie nicht.

Im Nachhinein bin ich ein bisschen stolz auf mich: Ich ließ mich nicht einschüchtern und wurde nicht gemobbt. Die Macht von Lennart und Christer war gebrochen. Meine Schwester Monica hatte mir das beigebracht. Sie hat diese Methode manchmal gegenüber Papa angewendet. Sie meinte, wer die Ruhe bewahre und nicht brülle, gehe oft als Sieger aus Streitigkeiten und Konflikten hervor.

Und die Geschlechterrollen? Klar, die wurden voll bedient, zum Nachteil für beide Geschlechter, aber vor allem für die Mädchen. »Das Starke ist des Schönen wert.« Ein halbes Jahr lang lasen wir Tegnérs *Frithiofs Sage*, und ich erinnere mich, wie albern und affektiert ich Ingeborg fand. In meiner alten Ausgabe hatte ich eine Teufelsgabel an den Rand gezeichnet und folgende Zeilen unterstrichen:

Was wäre die Frau, wenn sie sich losrisse
von den Banden, mit denen der Allmächtige
ihr schwaches Wesen an dem Starken befestigt hat?
Den bleichen Seerosen gleicht sie:
Mit der Welle steigt sie, mit der Welle fällt sie,
und der Kiel des Seglers fährt über sie hinweg
und merkt nicht, dass er ihren Stängel zerschneidet.

Dies und Ähnliches sollte man schlucken, ohne jegliche Diskussion! Wie unterhaltsam wäre es gewesen, hätte man sich auch nur eine Schulstunde lang mit der Frage beschäftigt, wie Frithiof oder Ingeborg beschrieben wurden.

Papa verbot mir, auf »Tanzpartys« zu gehen. Ich erinnere mich noch gut, wie traurig ich war, als einer der »netten« Jungen eines Morgens anrief und mich auf seine Party einladen wollte. Ich wusste, es hatte überhaupt keinen Zweck, Papa zu wecken und um Erlaubnis zu bitten. Obwohl ich so schrecklich gern hingegangen wäre! Also sagte ich unter einem Vorwand ab. Wenn ich auf diese Zeit zurückblicke, kommt es mir vor, als sei ich von Eltern, Jungen, Schule oder gesellschaftlichen Normen ständig an allem Möglichen gehindert worden, aber irgendwie fand ich doch meinen Weg.

In der Realschule wurden mir die vorhandenen Klassenunterschiede stärker bewusst. Man konnte vier Jahre die Realschule besuchen und dann aufs Gymnasium wechseln. Man konnte aber auch einfach fünf Jahre in die Realschule gehen. Die erste Auslese erfolgte in der Volksschule. Viele Schüler besuchten sieben Jahre Grundschule und begannen dann ihr Arbeitsleben. Ein paar der Mädchen, die nicht aufs Gymnasium wechselten, trugen schwarze, hautenge Jeans, rauchten John Silver und standen auf Elvis. Aus unerfindlichen Gründen wurde Tommy Steele unser Idol. Wir, oder besser diejenigen, die aufs Gymnasium gingen, trugen Schottenröcke mit großen Sicherheitsnadeln. Ich gehörte wie üblich zu keiner der Gruppen.

Es war bekannt, wer bloß reduziertes oder gar kein Schulgeld bezahlte, obwohl es nur fünfzig Kronen betrug. Ein »schlechter gestelltes« Mädchen aus meiner Klasse bekam zum Schuljahresabschluss ein Fahrrad. Sie durfte es in der voll besetzten Aula auf der Bühne entgegennehmen. Bei aller Freude hatte sie bestimmt gemischte Gefühle, weil die Schule ihr ein Fahrrad spendierte, während wir anderen es von den Eltern bekamen. Und das war allen Lehrern und allen Schülern bewusst …

Wir wurden zwar zum Gehorsam erzogen, aber in vielen von uns brodelte der Aufruhr. Eine Klassenkameradin, die großen Mut bewies, ist mir in besonderer Erinnerung geblieben. Der Magister überprüfte mit dem Klassenbuch vor sich, wer wann gefehlt hatte. Kerstin Jarvenius war an einem Nachmittag nicht da gewesen, und vor uns allen fragte er sie laut, warum. »Ich hatte meine Menstruation!«, sagte sie und sah ihn fest an. Allein schon dieses Wort! Ein Engel ging durch den Raum. Der Lehrer beugte sich über das Klassenbuch und murmelte »Aha«. Kerstin ist später Ärztin geworden.

Agneta

Im Spiegel

Erst in der Volksschule entdeckte ich, dass es unter uns Mädchen einen Adelsstand gab, dem die Hübschen angehörten. Sie hatten, im Gegensatz zu uns anderen, ihre klaren Privilegien, aber kaum Pflichten. Für diese Elite gab es weder Gesetze noch Regeln, und alle wussten, wie man sich verhält und wer qualifiziert war.

In unserer Klasse gehörten ein paar Mädchen zur Elite. Sie waren bei den Jungen beliebt und wurden daher ganz anders behandelt als wir Gewöhnlichen. Sogar die Erwachsenen sprachen mit sanfterer Stimme zu ihnen. Ich kann mich nicht erinnern, dass ich mir, bevor ich zu dem Kollektiv unserer Klasse gehörte, über mein eigenes Aussehen oder das von anderen irgendwelche Gedanken gemacht hätte. Wir, die wir nicht als hübsch galten, mussten andere Qualitäten entwickeln, gegenüber den Hübschen hatten wir sowieso keine Chance. Sie besaßen ihre eigene Überholspur auf dem Weg zu Macht und Einfluss. Obwohl wir sehr kritisch waren, akzeptierten wir das. Es war einfach, wie es war.

Pippi Langstrumpf ging in einen Laden, sah der Verkäuferin starr in die Augen und sagte »Nein«. Die Verkäuferin hatte keine Ahnung, warum die rothaarige, sommersprossige Pippi das machte, bis Pippi erklärte, sie leide nicht unter Sommersprossen und brauche also kein Mittel dagegen. Im Schaufenster hing nämlich ein Plakat mit dem Text: »Leidest du unter Sommersprossen?« Das fand ich lustig und wohl auch beeindruckend. Pippi war in Ordnung, so wie sie war. Manchmal hätte ich zwar gern das eine oder andere schickere Kleidungsstück gehabt, aber damals, in der Zeit der Unschuld, akzeptierte ich mein Aussehen.

In einer Klasse gab es einen Gastschüler, der sehr gut aussah, er war mädchenhaft hübsch, mit dunklen Augen und langen Wimpern. Die Mädchen umschwärmten ihn und buhlten um seine Gunst. Ich wusste, er war für mich unerreichbar, und er interessierte mich auch nicht besonders. Das hübscheste Mädchen der Klasse erzählte, sie hätte ihn küssen dürfen. Er verteilte seine Gunst unter den Hübschen, ich blieb außer Konkurrenz. Für ein Schulhalbjahr waren wir dann in derselben Klasse, wechselten aber nie ein Wort. Einander zu küssen, fanden ich und ein paar andere eklig. Wir bildeten uns wohl ein, wir hätten höhere Interessen.

Erst viel später, in der Pubertät, saß ich vor dem Spiegel und überlegte, ob ich gut aussah oder nicht. Direkt hübsch war ich nicht, aber vielleicht würde das mit der Zeit ja noch werden? In punkto Aussehen war meine Schwester Monica mein Vorbild. Aber die roten Haare? Das Aussehen schien für ein Mädchen entscheidend. Danach wurden sie eingestuft. Simone de Beauvoir beschreibt in *Das andere Geschlecht*, wie das junge Mädchen als Subjekt danach strebt, ein Objekt zu werden, gesehen mit dem Blick des Anderen.

Meine boshafte Tante trug auf unangenehme Art zu meinem Komplex hinsichtlich meines Aussehens bei, den ich im frühen Teenageralter hatte. Wir saßen vor dem Fernseher – das Fernsehen war noch jung, alle Sendungen waren interessant, inklusive Testbild –, und meine Tante, meine Cousins und Cousinen, die keinen Fernseher hatten, kamen deshalb zu uns. Plötzlich merkte ich, dass meine Tante mich mit schräg gelegtem Kopf musterte. Ich war verlegen und wusste nicht, was sie wollte. Als die Sendung zu Ende war, erklärte sie: »Agneta, ich habe dich eingehend betrachtet, und ich glaube, mit der Zeit wirst du richtig gut aussehen.« Dieser kränkende Angriff auf meine Integrität geschah wohl 1957, als ich fünfzehn war.

Wenn ich auf diese qualvolle Zeit zurückblicke, in der ich ständig mit meinem Aussehen beschäftigt war, erschrecke ich, wie sehr mich das hemmte und behinderte. Da ich eine ziemlich große Nase habe, versuchte ich mich immer so zu setzen, dass es nicht so auffiel. Ich probierte viel aus, um meinen Teint zu verbessern, und litt sehr unter der pickeligen Teenagerhaut. Bei den wenigen Gelegenheiten, wenn ich zu einer Party gehen durfte und zum Tanzen aufgefordert wurde, fühlte ich mich steif und unbehaglich. Ich glaubte, die Jungen täten es aus reinem Mitleid. Ich war so gefangen in meinem Selbstbild, dass ich mir einbildete, alle starrten mich feindselig an.

Eine Reise nach Antwerpen, in den späteren Teenagerjahren, hatte für mich eine erlösende Wirkung. Ich wohnte bei einer Pfarrersfamilie in der Seemannskirche, Papa hatte das organisiert, ohne mich zu fragen, es wurde über Nacht beschlossen, und ich bekam sogar eine Woche vor den Sommerferien schulfrei. Natürlich fand Papa, dass eine schwedische Seemannskirche im Ausland unter der Aufsicht eines ehrbaren Pfarrerpaars ein geeignetes Milieu für mich wäre! Zusammen mit einem Jungen, der ein paar Schulfächer nachholen musste, sollte ich einen guten Monat lang in Antwerpen verbringen und Latein pauken. Das Pfarrerpaar hatte einen Sohn, und beide Jungen verliebten sich in mich. Bei den Seemännern kam ich gut an, fast zu gut. Aber ich traf auch andere Jugendliche und bekam öfter Komplimente, ich sähe gut aus. Einmal drehten sich zwei deutsche Jungen nach mir um und sagten: »Die schaut aber nett aus.«

Nach dieser Metamorphose wurde ich viel entspannter, hörte

auf, mich auf mein Aussehen zu fixieren, und war nicht mehr so besessen von dem Gedanken, wie mich andere sahen. Im Sinne Simone de Beauvoirs war ich zu einem selbständig handelnden Subjekt geworden.

Agneta

Einfluss und Widerstand

Die Erwachsenen saßen und plauderten miteinander, und ich war mit mir selbst beschäftigt, aber plötzlich horchte ich auf. Meine Tante (eine ausgebildete Pianistin!) sagte: »Wisst ihr eigentlich, warum es keine Komponistinnen oder Dirigentinnen gibt? Frauen schaffen so etwas einfach nicht!« Ich reagierte heftig, fand ihre Schlussfolgerung völlig falsch, konnte das aber nicht in Worte fassen. Damals. Das Gespräch der Erwachsenen ging weiter. Aber für mich hatte sich etwas verändert. Ich begann nachzudenken. So begann mein Weg als glühende Verfechterin von Gleichheit und Gerechtigkeit.

Zu Hause am Thaliavägen lebte ich in meiner frühen Kindheit relativ frei und unbeeinflusst von einschränkenden Geschlechterrollen. *Alle* Kinder der Straße spielten gemeinsam Brennball, und die Jungen waren nicht besser als die Mädchen. Aber je älter ich wurde, desto mehr reagierte ich auf Sätze wie »Ein schwedischer Junge weint nicht!« (So heißt es in Viktor Rydbergs *Klein-Viggs Abenteuer am Heiligen Abend*). Ich regte mich auf, als meine beste Freundin einer Frau auf der Straße erzählte, ihre älteste Schwester hätte einen Sohn bekommen, und die antwortete: »Ein Junge, wie schön!«; oder darüber, dass »mädchenhaft« und »Frauenallüren« abfällig verwendet wurden, während »männlich« und »anpackend« positiv besetzt waren. Als ich mich über eine Ungerechtigkeit aufregte, die mir als Mädchen widerfahren war, sagte mein Bruder Lasse: »Reg dich nicht so auf, du siehst doch gut aus!« Als Papa an unserem Haus eine Frau vorbeigehen sah, die rauchte, sagte er entrüstet: »Eine

Frau raucht doch nicht auf der Straße!« Es war offenbar schlecht, dass es in der Öffentlichkeit geschah. Er selbst rauchte gern Zigarren außer Haus.

Papa sprach oft ironisch über »Frauen am Lenkrad«. Meinen Brüdern bezahlte er den Führerschein, meiner älteren Schwester und mir nicht. Zu seiner Ehre muss jedoch gesagt werden, dass er sich im höheren Alter von seinen Äußerungen über weibliche Autofahrer und auch von manch anderem Vorurteil distanzierte.

Einmal saßen Papa und mein Bruder Lasse zusammen und überlegten, was ich nach dem Abitur werden könnte. »Du kannst ja auf alle Fälle ein paar Scheine an der Uni machen«, sagte Lasse. Größere Ambitionen hatte er für mich offenbar nicht. Von uns fünf Geschwistern machten vier das Abitur, nur meine Schwester nicht. Sie hatte Papa irgendwie verärgert und wurde nach der Untersekunda auf die Volkshochschule in Malung geschickt. Später erzählte sie, dass sie dort viel Spaß hatte, unter anderem saß sie einem Maler Modell. Wenn Papa das gewusst hätte … Ich verstand nicht, was der Grund für ihre »Verbannung« war – der Altersunterschied zwischen uns war sehr groß –, aber ich ahnte, dass es etwas mit Jungen zu tun hatte. Viel später machte meine begabte Schwester dann mit den besten Noten Abitur.

In unserer Kindheit gab es einen ungeschriebenen Kodex, wie sich Jungen zu benehmen hatten und wie die Mädchen. Bei uns hatten die Brüder die größere Freiheit, es wurde nicht genau gefragt, was sie vorhatten, wenn sie abends aus dem Haus gingen. Sie mussten auch nicht so viel im Haushalt »mithelfen«, also putzen, Geschirr spülen oder andere langweilige Dinge tun. Man stellte in dieser Hinsicht an sie nicht so große Anforderungen. Aber vermutlich war dafür der Druck, »etwas zu werden«, größer. Bei uns hieß es zwar nie »Jungs sind eben Jungs«, um zu entschuldigen, wenn ein Junge etwas Unpassendes tat. Aber in anderer Hinsicht verhielt man sich genauso, und ich ärgerte mich schon früh darüber.

Meine Strategie war ein ständiger Trotz, der meine Empfindsamkeit verbarg. Ein kleines Wort, das mit der Zeit meine »Waffe« wurde, war das unauffällige »Jaja«. Das Wort lässt sich ausgezeichnet als ironischer Kommentar benutzen, besonders wenn man dabei die Augen verdreht, und man kann die Betonung verschiedenen Situationen anpassen. Zwar war ich machtlos, ja, aber ich hatte immerhin meine Meinung signalisiert! Nach und nach fiel es mir leicht, vielleicht zu leicht, das Lächerliche an bestimmten Situationen zu erkennen, die mit Genderstereotypen einhergehen. Was ich nicht in Worten ausdrücken konnte, vermittelte ich durch jede Menge von Zeichnungen und Gemälde. Ich verteidigte mich gegen die Dummheiten der Welt, indem ich mich in meinem Zimmer einschloss und zeichnete oder malte!

All diese Erfahrungen haben mich im tiefsten Inneren geprägt. Ich war früh bereit, Widerstand dagegen zu leisten, dass Jungen und Mädchen, Männer und Frauen nicht tun durften, was sie wollten. Vor allem aber, dass das eine Geschlecht dem anderen vorschreiben will, unter welchen Bedingungen es zu leben hat.

Die genannten Beispiele mögen harmlos wirken, aber der Zusammenhang war ganz und gar nicht harmlos. Die Erziehung als Junge beziehungsweise Mädchen war einschränkend und hinderte einen daran, im Leben frei zu wählen. Als Mädchen habe ich viele Hindernisse überwinden müssen, um eine relative Freiheit zu erlangen.

Viel später, als ich Literaturgeschichte studierte, bemerkte der

Dozent über einen Schriftsteller, ich glaube, es war Gustave Flaubert, er sei ein guter Frauenpsychologe. Ich konnte mir die Frage nicht verkneifen, ob es auch Schriftsteller gäbe, die gute Männerpsychologen seien. Der Dozent stutzte ein wenig, das war er noch nie gefragt worden. Das Reguläre war also der Mann, die Frau das Sonderbare, eine Abweichung. Um Frauen zu verstehen, brauchte man offenbar spezielle Psychologen.

Agneta

Die Göttin der Morgenschläfrigkeit

»Von allen Frauen liebte ich den Schlaf am meisten«, schreibt der fiktive K. D. Logren in einem der Gedichtbände des Uppsalapoeten Lars Bäckström. Man sollte einen fiktiven Dichter vorschieben, um eine solche Wahrheit zu formulieren. Ich selbst würde das niemals wagen, im Hinblick auf all die Frauen, die ich immer noch aus tiefstem Herzen liebe.

Aber natürlich war auch sie eine meiner großen Lieben – die Göttin des Schlafs. Normalerweise schlafe ich zehn Stunden, mit einer Pause zwischen vier und fünf, wohlbekannt aus Neurologie und Kulturgeschichte. Mein Schlafrekord reicht bis zu fünfzehn Stunden, aufgestellt in Paris, typischerweise. Interessante Orte machen mich besonders schläfrig. Das Hotel Algonquin in Manhattan ist einer der entspannendsten, und also schlafspendenden Orte, an die ich mich erinnern kann. Andererseits kann mich die metaphysische Stille einer frühen Herbstnacht am Hörendesee leicht beunruhigen. Ein Wellenschlag, ein auffliegender Seevogel, eingebettet in die Stille meilenweiter Wälder, können mich rasch in einen hellwachen Zustand versetzen.

Der Inbegriff der Misere meiner Schulzeit war es, nachdem ich die Minuten gezählt hatte, aufzustehen, ein Käsebrot herunterzuwürgen, den Fahrradschlüssel zu holen und mich in eine feindliche Welt hinauszubegeben. Um zu den blökenden Orgeltönen in der Aula der Schule »Geh aus, mein Herz, und suche Freud / in dieser schönen Sommerzeit« oder ein anderes, zum Schneefall des Morgens kaum passendes Freudenlied zu singen.

Ich bin davon überzeugt, dass eine Gesellschaft, in der Menschen, und vor allem Jugendliche, bis zehn Uhr morgens schlafen und um elf Uhr dreißig am Arbeitsplatz erscheinen dürften, eine friedlichere und vor allem viel produktivere Gesellschaft sein würde.

Der selige Jan Gehlin, ein hervorragender Jurist und Vorsitzender des Schriftstellerverbands, sagte einmal auf einer Reise in China zu seinen Dolmetschern: »Rauchen ist ein sehr wichtiger Teil meiner Arbeit.«

Ich könnte sagen: »Schlafen ist ein sehr wichtiger Teil meiner Arbeit.«

Es ist so. Im Tiefschlaf, zwischen sieben und neun Uhr morgens, bekomme ich meine Ideen. Ich habe nie die Angst davor verstanden, zu Bett zu gehen und einzuschlafen, wie sie beispielsweise Nabokov in seinen Memoiren beschreibt. Für mich ist die Dunkelheit ein Schutz, das Morgenlicht eine Bedrohung, die mit brutalen Forderungen einhergeht. Die Vorstellung, *jemand könnte kommen und mich in der Dunkelheit holen*, so verbreitet bei vielen Kindern, hat bei mir keinen Platz. Ich habe eher Angst davor, *jemand könnte kommen und mich aus der Dunkelheit herausholen.*

»for in that sleep of death,
what dreams may come?«

Es ist, wie alle wissen, Prinz Hamlet, der diese Frage stellt. Der Schlaf wird häufig als Metapher für den Tod gebraucht. Und der Tod ist eine häufig gebrauchte Metapher für den Schlaf. In Wirklichkeit haben die beiden nichts miteinander zu tun.

Wer einen chirurgischen Eingriff erlebt, mit Intubation, Vollnarkose und so weiter, bekommt eine sehr aufschlussreiche Demonstration des Todes. Eine Decke mit Ventilatoren senkt sich plötzlich um einen halben Meter herab und wird hellgelb statt grün. Die Ventilatoren sind weg. Das ist alles. Sechs Stunden sind vergangen.

Dies ist das Geheimnis des Todes: *Da gibt es nichts*. Schlichtweg weil es keinen Beobachter gibt, kann es auch keine Beobachtungen geben. Der Tod ist ein Zustand von totalem Nichts, der absolute Nullpunkt der Existenz, der Ort, der kein Ort ist. Der Schlaf hingegen ist voll äußerer und innerer Ereignisse.

Es gibt Tierarten, die nie schlafen, jedoch keine Säugetiere. Ist ein Dorsch erst einmal gestartet, schwimmt er mit hungrig geöffnetem Maul weiter, bis er einem größeren Maul begegnet. Der Schlaf gewährt uns einen Aufschub. Aber auch noch etwas anderes: Er beschert uns ein Vergleichsobjekt. Wie unendlich flach wäre die Welt ohne diese fünfte Dimension, wo der alte Rheumatiker die Fahrradtouren seiner Jugend wiedererleben kann und wo hinter einer abgeblätterten alten Schranktür ferne Länder warten!

Lars

Das Boot, das Bark baute

Das erste war das Boot, das Bark baute.

Es war typisch für die Landschaft und die Seen im Wassersystem des Kolbäcksån. Sehen die Freizeitboote in den kleinen Klubs entlang der Strände heute alle ganz ähnlich aus? Vielleicht. Aber damals, Ende der vierziger Jahre, waren sie einander noch ähnlicher. Boot an Boot lagen sie da, ein jedes an seinem Strandgrundstück vertäut.

Ein flachbödiger Kahn – an Bug und Heck quer abgeschnitten, natürlich feste Dollen; die Wellen wurden nie richtig bedrohlich. Und sehr wichtig: eine lange und starke Stange, um in den Schilfbänken voranzukommen.

Stocherkähne waren für mich nichts Neues, als ich aufs Magdalene College kam. Solche Boote bevorzugte man auf den västmanländischen Seen.

Diese Boote hatten keine Namen, Bootsnamen gehörten zu einer etwas höheren Klasse, gesellschaftliche Klasse oder Bootsklasse, das ist schwer auszumachen. Sie hießen »Boot« oder »Kahn«. Aber trotzdem hatten sie eine Persönlichkeit, die bedeutend glamouröseren Kreuzern fehlt. Noch heute kann ich aus dem ersten Schlaf erwachen, um vier Uhr morgens, und mich im Detail an den Kahn erinnern. Das leise Knirschen der festen Dollen, die kleine Asymmetrie zwischen den Dollen von Backbord und Steuerbord; die an Steuerbord ist ein wenig nach hinten geneigt. Die Geräusche des leicht nach oben gebogenen vorderen Bugs, wenn das Rudern intensiver wird und der Kahn Fahrt aufnimmt.

Und natürlich das Kratzen auf grobem Kies, wenn man ihn an Land setzt.

Der Kahn konnte in sehr seichtes Wasser vordringen. Mit Hilfe einer Stange stakte man in die mächtigen Schilfbänke hinein, in das geheimnisvolle, magische Wasserlabyrinth, wo Blaufalter und Libellen still durch die Sommerluft flatterten und wo die Wärme über den Wassern waberte und plötzlich ein großer Hecht schlug. Eine Explosion von Muskelkraft aus dem Verborgenen.

In den Fluss hineinzurudern machte immer Spaß. Nach Norden zu rudern ging um so vieles langsamer als nach Süden. Und in der Biegung des Flusses bildeten sich in regnerischen Sommern Strudel – ein Gruß vom großen Universum, wo sich Galaxien bilden.

Kein späteres Boot habe ich so intensiv erlebt. Mit meinem Askeladden – *The Plastic Duke* – an einem Sommertag bei konstanter Brise über die Buchten des Åmänningen zu gleiten und die schwache, aber deutliche Vibration im Ruder zu spüren, wenn das Boot im achterlichen Wind sein Maximum erreicht, ist jedoch eine tiefe, angenehme Empfindung; sie hat einen deutlich erotischen Akzent, wie wenn eine Frau beginnt, auf eine Liebkosung zu reagieren. Das gehört in die Abteilung der sehr subtilen Genüsse des Lebens.

Und dann war da noch die alte, gemütliche, aber schlecht zusammengebaute *Jacob Brumberg*, eine *Svecia Örskär*. Ein paar von den alten Spanten mussten ausgewechselt werden, da der Hersteller geschlampt hatte. Das gab mir die Gelegenheit für viele kontemplative Stunden an Land, während die Kupfersplinte ersetzt wurden. Ein guter Job für jemanden, der zugleich an einer sprachphilosophischen Dissertation arbeitete. *Sprache und Lüge* duftet noch immer nach Bootsfirnis und erhitztem Metall, wenn ich das Buch aus dem Regal nehme.

Und dann die Hechte! Die Hechtfischerei mit Netzen, als man da oben rings um die Schwarzbuchten noch mit Saisonkarten herankam, gehörte ja zu den wichtigsten Beschäftigungen des Sommers.

Noch immer nenne ich einen der Felsgründe weit da draußen im Westen *Halvard Andréns Untiefe*. Halvard Andrén war ein Lehrer am Gymnasium von Västerås, wohnhaft in Östersund. Ein sehr intelligenter und unterhaltsamer Mann mit großer technischer Begabung. Hätte er Ingenieur werden sollen? Was *hätte* man nicht alles tun sollen? Zu seinem Bootsplatz kamen wir frühmorgens nach einem Spaziergang auf taufrischen Pfaden. Den Motor bekamen wir erst nach zwei- bis dreimaligem Reinigen der Zündkerzen in Gang.

In meinen Träumen sind diese Boote so deutlich mit meinem eigenen Körper, dessen Leben, dessen Tod und Begräbnis verknüpft, dass man das kaum missverstehen kann. Das Boot soll an Land gezogen werden, aber es gibt keine Rampe, um es zu Wasser zu lassen. Dem Boot ist ein Liegeplatz auf dem Wallinska-Friedhof in Västerås bestimmt:

Ein Liegeplatz fürs Boot

Plötzlich war ich wieder in Schweden.
Die Behörde rief an, offerierte einen Liegeplatz
für mein Boot, auf Kosten der Gemeinde.

Ausgezeichnet. Gehe ihn mir ansehen.

Wie sich zeigt, hat man ein dreißig Meter langes
circa drei Meter breites Trockendock ausgehoben
mitten auf dem Wallinska-Friedhof.

Ein guter Platz für ein Boot.

Aber wie zum Teufel habt ihr euch vorgestellt
dass es ins offene Wasser gelangen soll?

Es soll nicht auslaufen.
Ihr Boot soll hier liegen.

Lars